PICCOLA BIBLIOTECA ADELPHI

110

RAINER MARIA RILKE

Lettere a un giovane poeta
Lettere a una giovane signora
Su Dio

TRADUZIONE DI LEONE TRAVERSO

ADELPHI EDIZIONI

TITOLI ORIGINALI:

Briefe an einen jungen Dichter
Briefe an eine junge Frau
Über Gott. Zwei Briefe

Diciottesima edizione: dicembre 2008

© 1929 INSEL VERLAG FRANKFURT AM MAIN
per BRIEFE AN EINEN JUNGEN DICHTER

© 1930 INSEL VERLAG FRANKFURT AM MAIN
per BRIEFE AN EINE JUNGE FRAU

© 1933 INSEL VERLAG FRANKFURT AM MAIN
per ÜBER GOTT/ZWEI BRIEFE

© 1980 ADELPHI EDIZIONI S.P.A. MILANO
WWW.ADELPHI.IT

ISBN 978-88-459-0441-7

INDICE

AVVERTENZA

Sono queste lettere (apparse in tre fascicoletti separati dell'Insel Verlag nell'originale, qui per comodità adunate in tre sezioni d'uno stesso volume) lettere reali — tranne quella « del lavoratore » — scritte in epoche e a persone diverse, ma preziose per intendere lo sviluppo del pensiero rilkiano tra Il libro d'ore, *e le* Elegie duinesi, *e concordi infine sia per la gravità con cui il poeta affronta il problema esistenziale, sia per la fiducia ultima — dopo lo sconforto dei* Quaderni di Malte — *accordata al nostro soggiorno terreno.*
Nei paesi di lingua tedesca, e in altri, le Lettere a un giovane poeta *in particolare si diffusero come una specie di breviario — non tanto d'arte quanto di vita. E là si prelude già a quel che di più nuovo poteva stupire i lettori — dopo la prima guerra mondiale — della lettera immaginaria (« del lavoratore ») cioè l'idea del Dio futuro, già delineata del resto chiaramente in una lettera del 1904 a Ellen Key, solo edita molto più tardi. (A una così aperta esaltazione del sesso avrà poi forse incoraggiato il poeta l'amicizia di Lou Andreas Salomé, fervida banditrice, come è noto, del verbo di Freud).*
Una grave lacuna intende colmare questo vo-

9

*lume per gli amatori dell'opera rilkiana co-
stretti ad affidarsi alla mediazione di un in-
terprete.*

*E se questa versione, la sola autorizzata dal-
l'Insel Verlag, pronta, come altre, da altre zo-
ne dell'epistolario rilkiano, da circa vent'anni vede solo oggi la luce, può testimoniare
piuttosto la volubilità di propositi o di fortuna di alcuni nostri editori che la mia per-
tinacia.*

(1958)   L. T.

LETTERE
A UN GIOVANE POETA

Egregio Signore,

La vostra lettera m'ha raggiunto solo qualche
giorno fa. Voglio ringraziarvi per la sua grande e cara fiducia. Poco più posso. Non posso
entrare e diffondermi sulla natura dei vostri
versi; ché ogni intenzione critica è troppo
remota da me. Nulla può tanto poco toccare
un'opera d'arte quanto un discorso critico: si
arriva per quella via sempre a più o meno
felici malintesi. Le cose non si possono afferrare o dire tutte come ci si vorrebbe di solito far credere; la maggior parte degli av-
venimenti sono indicibili, si compiono in uno
spazio che mai parola ha varcato, e più indicibili di tutto sono le opere d'arte, misteriose
esistenze, la cui vita, accanto alla nostra che
svanisce, perdura.
Premesso questo punto, vi posso ancora soltanto dire che i vostri versi non hanno un
loro proprio stile, ma sommessi e coperti av-
vii a un accento personale. Più chiaro che
altrove l'avverto nell'ultima poesia *La mia
anima*. Ivi qualcosa di proprio vuol giungere a una sua espressione. E nella bella poesia *A Leopardi* cresce forse una sorta di

13

affinità con quel grande solitario. Tuttavia non sono ancora le vostre poesie cose per sé, indipendenti, neppure l'ultima né quella al Leopardi. La vostra benevola lettera, che le ha accompagnate, non manca di chiarirmi qualche difetto, ch'io ho sentito leggendo i vostri versi, senza tuttavia poterlo designare per nome.

Voi domandate se i vostri versi siano buoni. Lo domandate a me. L'avete prima domandato ad altri. Li spedite a riviste. Li paragonate con altre poesie e v'inquietate se talune redazioni rifiutano i vostri tentativi. Ora (poiché voi m'avete permesso di consigliarvi) vi prego di abbandonare tutto questo. Voi guardate fuori, verso l'esterno e questo sopratutto voi non dovreste ora fare. Nessuno vi può consigliare e aiutare, nessuno. C'è una sola via. Penetrate in voi stesso. Ricercate la ragione che vi chiama a scrivere; esaminate s'essa estenda le sue radici nel più profondo luogo del vostro cuore, confessatevi se sareste costretto a morire, quando vi si negasse di scrivere. Questo anzitutto: domandatevi nell'ora più silenziosa della vostra notte: *devo* io scrivere? Scavate dentro voi stesso per una profonda risposta. E se questa dovesse suonare consenso, se v'è concesso affrontare questa grave domanda con un forte e semplice « debbo », allora edificate la vostra vita secondo questa necessità. La vostra vita fin dentro la sua più indifferente e minima ora deve farsi segno e testimonio di quest'impulso. Poi av-

14

vicinatevi alla natura. Tentate come un primo uomo al mondo di dire quello che vedete e vivete e amate e perdete. Non scrivete poesie d'amore; evitate all'inizio le forme troppo correnti e abituali: sono esse le più difficili, ché occorre una grande e già matura forza a dar qualcosa di proprio dove si offrono in gran numero buone tradizioni, anzi splendide in parte. Perciò salvatevi dai motivi generali in quelli che la vostra vita quotidiana vi offre; raffigurate le vostre tristezze, e nostalgie, i pensieri passeggeri e la fede in qualche bellezza, raffigurate tutto questo con intima, tranquilla, umile sincerità e usate, per esprimervi, le cose che vi circondano, le immagini dei vostri sogni e gli oggetti della vostra memoria. Se la vostra vita quotidiana vi sembra povera, non l'accusate; accusate voi stesso, che non siete assai poeta da evocarne la ricchezza; ché per un creatore non esiste povertà né luoghi poveri e indifferenti. E se anche foste in un carcere, le cui pareti non lasciassero filtrare alcuno dei rumori del mondo fino ai vostri sensi — non avreste ancora sempre la vostra infanzia, questa ricchezza preziosa, regale, questo tesoro dei ricordi? Rivolgete in quella parte la vostra attenzione. Tentate di risollevare le sensazioni sommerse di quel vasto passato; la vostra personalità si confermerà, la vostra solitudine s'amplierà e diverrà una dimora avvolta in un lume di crepuscolo, oltre cui passa lontano il rumore degli altri. E se da questo viaggio al-

l'interno, da quest'immersione nel proprio mondo giungono *versi*, allora non penserete a interrogare alcuno se siano *buoni versi*; né tenterete d'interessare per questi lavori le riviste: ché in loro vedrete il vostro caro possesso naturale, una parte e una voce della vostra vita. Una opera d'arte è buona, s'è nata da necessità. In questa maniera della sua origine risiede il suo giudizio: non ve n'è altro. Perciò, egregio signore, io non vi so dare altro consiglio che questo: penetrare in voi stesso e provare le profondità in cui balza la vostra vita; alla sua fonte troverete voi la risposta alla domanda se *dobbiate* creare. Accoglietela come suona, senza perdervi in interpretazioni. Forse si dimostrerà che siete chiamato all'arte. Allora assumetevi tale sorte e portatela, col suo peso e la sua grandezza, senza mai chiedere il compenso, che potrebbe venir di fuori. Ché il creatore dev'essere un mondo per sé e in sé trovare tutto, e nella natura, cui s'è alleato.

Ma forse anche dopo questa discesa in voi stesso e nella vostra solitudine dovrete rinunciare a divenire poeta; (basta, come ho detto, sentire che si potrebbe vivere senza scrivere, per non averne più il diritto). Ma anche allora questa immersione, di cui vi prego, non sarà stata invano. La vostra vita di lì innanzi troverà senza dubbio vie proprie, e che vogliano essere buone, ricche e vaste, questo io ve lo auguro più che non possa dire.

Che vi debbo ancora dire? A me tutto sem-

bra accentuato secondo il suo merito; e in fine volevo consigliarvi ancora solo di sostenere lo sviluppo calmo e serio; non lo potete disturbare più violentemente che se guardate fuori e attendete di fuori risposta a domande, cui può forse rispondere solo il vostro più intimo sentimento nella vostra ora più sommessa.

È stata per me una gioia trovare nella vostra lettera il nome del professor Horaček; io nutro per questo amabile dotto un grande rispetto e una gratitudine vivace negli anni. Vogliate, vi prego, dirgli di questo mio sentimento; è grande benevolenza ch'egli si ricordi ancora di me, e io la so apprezzare.

Vi rimando insieme i versi che amichevolmente m'avete voluto confidare. E vi ringrazio ancora per la grandezza e cordialità della vostra fiducia, di cui ho tentato di rendermi un po' più degno di quello che io, come estraneo, realmente non sia, con questa risposta sincera, data secondo la mia miglior coscienza.

Con ogni devozione e simpatia

RAINER MARIA RILKE

17

Mi dovete scusare, caro ed egregio signore, se solo oggi vi ringrazio della vostra lettera del 24 febbraio: sono stato tutto il tempo sofferente, non proprio malato, ma oppresso da una languidezza influenzale, che mi rendeva inetto a ogni cosa. E infine, come non voleva andarsene, sono sceso a questo benefico mare meridionale, che m'ha aiutato già altra volta. Ma non sono ancora ristabilito, lo scrivere mi pesa, e così dovete contentarvi di queste poche righe.

Naturalmente dovete sapere che ogni vostra lettera mi farà sempre piacere, e solo avere indulgenza per la risposta, che sovente forse vi lascerà a mani vuote; ché in fondo, e appunto nelle cose più profonde e importanti, noi siamo indicibilmente soli, e perché uno possa consigliare o aiutare un altro, molto deve accadere, molto riuscire, un'intera costellazione di cose si deve congiungere perché una volta s'arrivi a buon fine.

Volevo dirvi oggi solo ancora due cose: Ironia.

Non vi lasciate dominare dall'ironia, specialmente nei momenti di aridità. Nei fecondi,

19

tentate di servirvene come di un mezzo di
più di afferrare la vita. Usata con purezza, è
anch'essa pura, e non bisogna vergognarsene;
e se vi sentite troppo in confidenza con essa,
se temete questa crescente confidenza, rivol-
getevi allora a grandi e gravi oggetti, davanti ai quali essa si fa piccola e inerme. Cercate la profondità delle cose: fin laggiù l'ironia non scende mai, — e quando sfioriate così
il margine della grandezza, saggiate nello
stesso tempo se questo modo di vedere na-
sca da una necessità del vostro essere. Ché
sotto l'influsso di cose gravi essa o cadrà da
voi (se è qualcosa d'accidentale), o s'irrobu-
stirà (se veramente v'appartiene come innata) a serio strumento e s'allineerà nell'ordine
dei mezzi, con cui voi dovete elaborare la vostra arte.
La seconda cosa che oggi vi volevo raccontare
è questa:
Di tutti i miei libri solo pochi mi sono indispensabili, e due si trovano anzi sempre tra
le mie cose, dovunque io sia. Li ho anche ora
qui intorno a me: la Bibbia e i libri del grande poeta danese Jens Peter Jacobsen. Penso
ora se voi ne conosciate le opere. Ve le potete agevolmente procurare, ché una parte è
uscita in ottima versione nella biblioteca universale Reclam. Procuratevi il volumetto *Sei
novelle* di J. P. Jacobsen e il suo romanzo
Niels Lyhne e cominciate la prima novella
del primo volumetto, intitolata « *Mogens* ».
Un mondo vi sorprenderà, la felicità, la ric-

chezza, l'inafferrabile grandezza di un mondo. Vivete un tratto in questi libri, apprendetene ciò che vi sembra degno d'essere appreso, ma sopra tutto amateli. Tale amore vi sarà compensato a mille e mille doppi, qualunque possa divenire la vostra vita, — penetrerà, ne sono certo, la trama della vostra vita quale uno dei fili più importanti fra tutti i fili delle vostre esperienze, delusioni e gioie.

Se debbo dire da chi io abbia appreso qualche cosa sull'essenza della creazione, sulla sua profondità ed eternità, sono due soli i nomi ch'io posso nominare: quello di *Jacobsen*, il grande, grande poeta, e quello di *Auguste Rodin*, lo scultore che non ha pari fra tutti gli artisti che oggi vivono.

E ogni felicità sui vostri cammini.

Il vostro
RAINER MARIA RILKE

21

Mi avete fatto, caro ed egregio signore, grande piacere con la vostra lettera pasquale; ché diceva molte cose buone di voi e la maniera con cui parlavate della grande e cara arte di Jacobsen, mi dimostrava che non m'ingannai guidando la vostra vita e i suoi molti dibattiti a quella pienezza.

Ora vi si aprirà *Niels Lyhne*, ch'è un libro di magnificenze e di profondità; quanto più sovente vi si legge, tutto vi sembra contenuto della vita, dal più sommesso profumo al pieno e grande sapore dei suoi frutti più gravi. Nulla è in esso che non sia stato compreso, afferrato, provato e riconosciuto nella tremante vibrazione della memoria; nessuna esperienza è apparsa troppo meschina, e il più piccolo avvenimento si spiega come un destino, e il destino medesimo è come un vasto arazzo meraviglioso, in cui ogni filo sia condotto da una mano infinitamente delicata e accostato a un altro e retto da mille altri. Proverete la grande felicità di leggere questo libro per la prima volta, e camminerete per le sue innumerevoli sorprese come in un nuo-

vo sogno. Ma io vi posso dire che anche più tardi si percorrono questi libri sempre col medesimo stupore e nulla essi perdono della loro meravigliosa forza e nulla abbandonano della favolosità, di cui colmano il lettore la prima volta.

Solo li si gode sempre più, con sempre maggior gratitudine, e, in qualche modo, migliori e più semplici nel guardare, più profondi nella fede alla vita e nella vita più beati e grandi.

E più tardi dovete leggere il meraviglioso libro del destino e della nostalgia di *Maria Grubbe* e le lettere e le pagine di diario e i frammenti di Jacobsen e infine i suoi versi, che (benché tradotti mediocremente) vivono in un'infinita risonanza. (E vi consiglierei di comprare la bella edizione completa delle opere di Jacobsen, che contiene tutto questo. È apparsa in tre volumi e ben tradotta presso Eugen Diederichs a Lipsia e costa, credo, solo 5 o 6 marchi il volume).

Con la vostra opinione su *Qui dovevano esserci rose* (quest'opera di così incomparabile finezza e forma) avete naturalmente piena, incontestabile ragione contro chi ha scritto l'introduzione. E qui subito una preghiera: leggete il meno possibile scritti di critica estetica, sono o opinioni faziose, impietrate e ormai senza senso nel loro inanimato irrigidimento, o abili giochi di parole, in cui oggi vince questo parere e domani il contrario.

24

Le opere d'arte sono di un'indicibile solitudine e nulla le può raggiungere poco quanto la critica. Solo l'amore le può abbracciare e tenere ed esser giusto verso di esse. Date ogni volta ragione a *voi stesso* e al vostro sentimento di contro a ogni simile interpretazione, trattazione o introduzione; se doveste aver torto, la crescita naturale della vostra intima vita vi condurrà lentamente e col tempo a ravvedervi e ad altri avvisi. Lasciate ai vostri giudizi il loro proprio sviluppo indisturbato, che — come ogni progresso — deve venire dall'intimo profondo e non può esser da nulla represso o accelerato. *Tutto* è portare a termine e poi generare. Lasciar compiersi ogni impressione e ogni germe d'un sentimento dentro di sé, nel buio, nell'indicibile, nell'inconscio irraggiungibile alla propria ragione, e attendere con profonda umiltà e pazienza l'ora del parto d'una nuova chiarezza: questo solo si chiama vivere da artista: nel comprendere come nel creare.

Qui non si misura il tempo, qui non vale alcun termine e dieci anni son nulla. Essere artisti vuol dire: non calcolare e contare; maturare come l'albero, che non incalza i suoi succhi e sta sereno nelle tempeste di primavera senz'apprensione che l'estate non possa venire. Ché l'estate viene. Ma viene solo ai pazienti, che attendono e stanno come se l'eternità giacesse avanti a loro, tanto sono tranquilli e vasti e sgombri d'ogni ansia. Io l'im-

25

paro ogni giorno, l'imparo tra dolori, cui sono riconoscente: *pazienza* è tutto!

RICHARD DEHMEL: A me capita coi suoi libri (e — sia detto per inciso — anche con l'uomo, che conosco superficialmente) che, imbattendomi in una delle sue belle pagine, temo la successiva, che può distrugger tutto e stravolgere in indegnità quanto era degno d'amore. Voi l'avete bene caratterizzato con la parola: « vivere e poetare in calore ». E in verità l'esperienza artistica è così incredibilmente vicina alla sessuale, alla sua doglia e alla sua gioia, che i due processi sono propriamente solo diverse forme d'una sola brama e beatitudine. E se invece di calore si potesse dire sesso, sesso nel grande, vasto, puro senso, su cui alcun errore chiesastico non avesse gettato l'ombra del suo sospetto, la sua arte sarebbe molto grande e di enorme peso. La sua forza poetica è grande e potente come un impulso primordiale, ha in sé propri liberi ritmi e prorompe da lui come da una montagna.
Ma sembra che tale forza non sempre sia del tutto sincera e senza posa. (Ma è questa anche una delle più difficili prove per chi crea: egli deve sempre rimanere l'inconsapevole, l'ignaro delle sue migliori virtù, s'egli non vuol togliere a esse la loro libertà e illibatezza!). E poi, dove, scrosciando traverso il suo essere, giunge all'elemento sessuale, non

26

trova ivi un uomo puro quanto abbisogne-
rebbe. Non è qui un mondo del sesso perfettamente maturo e puro; non è abbastanza
umano, ma solo *maschile*, è foia, ebbrezza e
inquietudine, e gravate dagli antichi pregiudizi e vanti, con cui il maschio ha sfigurato
e gravato l'amore. Perché egli ama *solo* come maschio, non come uomo, perciò v'è nella sua sensibilità sessuale qualcosa di angusto,
apparentemente selvaggio, odioso, temporale, non eterno, che limita la sua arte e la fa
equivoca e ambigua. Essa *non* è senza mac-
chia, è segnata dal tempo e dalla passione, e
poco di essa potrà durare e consistere. (Ma
la maggior parte dell'arte è così!). Ma tuttavia di quanto in essa v'è di grande si può gioi-
re profondamente; solo non si deve perderci-
si e finire partigiani di quel mondo dehme-
liano, così infinitamente angoscioso, pieno di
adulterio e disordine, e lontano dai reali destini, che fanno soffrire più che questi turbamenti temporali, ma danno anche più occasione a grandezza e più coraggio all'eterno.
Per quanto infine riguarda i miei libri, vorrei
spedirvi di gran cuore tutti quelli che vi potessero recare qualche gioia. Ma io sono molto povero e i miei libri, una volta apparsi,
non mi appartengono più. Io stesso non li
posso comperare — e donarli, come tanto sovente vorrei, a quelli che li tratterebbero con
affetto. Perciò vi annoto in un foglio i libri
(e le edizioni) dei miei volumi apparsi più re-

centemente (gli ultimi, in tutto ne ho pubblicato 12 o 13) e son costretto a rimettere a voi, caro signore, di ordinarvene all'occasione qualcuno. Mi rallegra sapere presso di voi libri miei.

Auguri dal vostro
RAINER MARIA RILKE

Worpswede, vicino a Brema, 16 luglio 1903

Circa dieci giorni fa ho lasciato Parigi, molto
sofferente e stanco, e sono venuto in una
grande pianura nordica, la cui vastità e calma e cielo mi deve guarire. Ma sono entrato in una lunga pioggia, che solo oggi vuole
schiarirsi un poco su questa campagna cor-
sa da un vento inquieto; e sfrutto questo primo momento di lume per salutarvi, caro signore.
Carissimo signor Kappus: ho lasciato a lungo senza risposta una lettera vostra, non che
l'avessi dimenticata, al contrario: era una di
quelle che si rileggono, quando si ritrovano
tra le lettere, e in essa io vi ho riconosciuto
come da una grande vicinanza. Era la lettera del due di maggio, e voi certo ve ne ricordate. Se la leggo, come ora, nella grande calma di queste lontananze, mi commuove la
vostra bella cura della vita, più ancora che
non l'avessi già sentito a Parigi, dove ogni
voce si leva e s'affievolisce diversamente per
l'eccessivo strepito, di cui tremano le cose.
Qui dove un paese potente mi circonda, su
cui corrono dal mare i venti, qui sento che a
quelle domande e a quei sentimenti, che han-

29

no nelle vostre profondità una propria vita, nessun uomo può rispondere mai; ché nelle parole errano anche i migliori, quando esse debbano significare le cose più sommesse, quasi l'indicibile. Ma io credo tuttavia che voi non dobbiate rimanere senza risposta, se vi attenete a cose simili a quelle a cui ora si ristorano i miei occhi. Se vi tenete alla natura, a quanto è di semplice in essa, alle piccole cose, che uno vede appena e che in maniera così imprevista possono divenire grandi e incommensurabili; se avete questo amore per l'inappariscente, e servendo in semplicità tentate di acquistarvi la confidenza di quanto sembra povero: allora tutto vi diverrà più facile, armonico e in qualche modo più conciliante, non forse nell'intelletto, che resta indietro attonito, ma nella vostra più intima coscienza, che veglia e sa. Voi siete così giovine, così al di qua d'ogni inizio, e io vi vorrei pregare quanto posso, caro signore, di aver pazienza verso quanto non è ancora risolto nel vostro cuore, e tentare di aver care le domande stesse come stanze serrate e libri scritti in una lingua molto straniera. Non cercate ora risposte che non possono venirvi date perché non le potreste vivere. E di questo si tratta, di vivere tutto. *Vivete* ora le domande. Forse v'insinuate così a poco a poco, senz'avvertirlo, a vivere un giorno lontano la risposta. Forse portate in voi la possibilità di formare e creare, quale una maniera di vita singolarmente beata e pura; edu-

catevi a questo compito, — ma accogliete in grande fiducia quanto vi accade, e se solo vi accade dal vostro volere, da qualche necessità del vostro intimo, prendetelo su voi stesso e non odiate nulla. Il sesso è difficile; è vero. Ma è il difficile che c'è stato affidato, quasi ogni cosa seria è difficile, e tutto è serio. Se solo riconoscete questo e movendo dal *vostro* intimo, dalla *vostra* complessione e natura, dalla *vostra* esperienza e fanciullezza e forza arrivate a conquistarvi una vostra propria relazione col sesso (immune d'influssi di convenzioni e costume), allora non avete più a temere di perdervi o diventare indegno del vostro miglior possesso.

La voluttà corporale è un'esperienza sensitiva, non altrimenti dal puro guardare o dal puro senso, con cui un bel frutto vi riempie la lingua; è una grande, infinita esperienza, che ci vien data, una conoscenza del mondo, il colmo e lo splendore d'ogni conoscenza. E non che l'accogliamo, è male; male è che quasi tutti usano male questa esperienza e la sprecano o l'applicano come stimolo nei luoghi stanchi della loro vita e come distrazione invece che raccoglimento verso i vertici. Gli uomini hanno tramutato persino il mangiare in qualche altra cosa: l'indigenza da una parte, il superfluo dall'altra hanno intorbidato la chiarezza di questo bisogno, e ugualmente torbidi sono fatti tutti i profondi, semplici bisogni in cui la vita si rinnova. Ma il singolo può schiarirseli per sé e viverli chia-

ramente (e, se non il singolo, che è troppo legato, il solitario). Egli può ricordarsi che ogni bellezza nelle piante e negli animali è una sommessa forma costante d'amore e d'aspirazione, e può veder l'animale, come vede la pianta, unirsi paziente e docile e moltiplicarsi e crescere non per piacere fisico, non per dolore fisico, ma piegandosi a necessità che sono più grandi di piacere e dolore e più potenti del volere e dell'opposizione.

Oh, se l'uomo accogliesse più umile e portasse più gravemente questo mistero, di cui la terra è piena fin nelle sue più piccole cose, lo sopportasse e sentisse quanto terribilmente grave è, invece di prenderlo alla leggera. Se fosse pieno di riverenza verso la sua fecondità, che è una soltanto, appaia fisica o spirituale; ché anche la creazione spirituale deriva dalla fisica, è d'una medesima essenza e solo come una ripetizione più sommessa, più incantata ed eterna della voluttà del corpo. « Il pensiero d'essere creatore, di produrre, di plasmare » è nulla senza la sua continua grande riprova e attuazione nel mondo, nulla senza l'innumerevole consenso che viene dalle cose e dagli animali, e il suo godimento è perciò così indescrivibilmente bello e ricco, perché è pieno di memorie ereditate dal creare e generare di miriadi. In un pensiero di creatore rivivono mille notti di amore dimenticate e lo colmano di sublimità. E quelli che nelle notti convengono, intrecciati in una voluttà che li culla, compiono un

austero lavoro e accumulano dolcezze, profondità e forza per il canto di qualche poeta venturo, che sorgerà per dire indicibili delizie. E chiamano a sé il futuro; e se anche errano e s'abbracciano ciecamente, pure il futuro viene, un uomo nuovo si leva, e sul fondo del caso, che qui sembra compiuto, si desta la legge, con cui un seme capace di resistenza, pieno di forza, si apre la via all'uovo, che aperto gli va incontro. Non vi lasciate ingannare dalla superficie; nelle profondità tutto diventa legge. E quelli che vivono il mistero in modo falso e cattivo (e sono moltissimi), lo perdono solo per sé e pure lo trasmettono oltre come una lettera chiusa, senza saperlo. E non vi turbi la molteplicità dei nomi e la complicatezza dei casi. Si stende forse su tutto una grande maternità, quale aspirazione comune. La bellezza della vergine, d'un essere che (come voi dite con parole così belle) « non ha ancora compiuto nulla » è maternità, che s'indovina e prepara, s'angoscia e si protende bramosa. E la bellezza della madre è maternità in servizio, e nella vecchia è un grande ricordo. E anche nell'uomo è maternità, mi sembra, fisica e spirituale; il creare è anche una maniera di generare e parto è quando crea dalla più intima abbondanza. E sono forse più affini che non si creda i sessi, e il grande rinnovamento del mondo forse in questo consisterà, che uomo e fanciulla, liberati da tutti gli errori e disgusti, non si cercheranno come opposti,

33

ma come fratelli e vicini, e si uniranno come creature umane, per portare in comune, semplici gravi e pazienti, il difficile sesso che è loro imposto.

Ma tutto quello che un giorno sarà forse possibile a molti, può ora già preparare e costruire il solitario con le sue mani meno maldestre. Perciò, caro signore, amate la vostra solitudine e sopportate il dolore che essa vi procaccia con lamento armonioso. Ché quelli che vi sono vicini, voi dite, vi sono lontani, e ciò mostra che intorno a voi comincia a stendersi lo spazio. E se la vostra vicinanza è lontana, allora la vostra vastità è già sotto le stelle e molto grande; rallegratevi della vostra crescita, in cui non potete menare alcuno, e siate buono verso quelli che rimangono indietro, e sicuro e tranquillo, di fronte a loro, e non li tormentate con i vostri dubbi e non li sgomentate con la vostra fiducia o allegrezza, che essi non potrebbero comprendere. Cercatevi una qualche piana e fida comunione con loro, che non deva necessariamente mutarsi, se voi stesso via via divenite altro, amate in essi la vita in una forma estranea e abbiate indulgenza per gli uomini che vanno invecchiando e temono la solitudine, in cui voi confidate. Evitate di aggiunger materia a quel dramma sempre teso fra genitori e figli; consuma molta forza dei figli e logora l'amore dei vecchi, il quale opera e scalda se anche non comprende. Non richiedete ad essi alcun consiglio e non con-

tate su alcuna comprensione; ma credete a un amore che vi viene serbato come un'eredità, e confidate che in questo amore c'è una forza e una benedizione, da cui voi non avete bisogno di uscire, per andarvene molto lontano!

È bene per voi sfociare anzi tutto in una professione che vi renda indipendente e vi affidi tutto a voi stesso in ogni senso. Attendete paziente se la vostra intima vita si senta limitata dalla forma di questa professione. Io la ritengo molto difficile e molto esigente, poiché è gravata di molte convenzioni e quasi non concede spazio a un atteggiamento personale di fronte ai suoi compiti. Ma la vostra solitudine vi sarà sostegno e patria anche in mezzo a circostanze molto estranee, e dal suo seno troverete voi tutti i vostri cammini. Tutti i miei auguri sono pronti ad accompagnarvi e la mia fiducia è con voi.

Il vostro
RAINER MARIA RILKE

35

Caro ed egregio Signore,

Ho ricevuta a Firenze la vostra lettera del 29 agosto e solo ora — dopo due mesi — ve ne parlo. Scusatemi questo ritardo, — ma io scrivo malvolentieri lettere in viaggio, perché a scriver lettere mi occorre qualcosa di più che gli oggetti più indispensabili: un po' di calma e solitudine e un'ora non troppo straniera.

A Roma arrivammo circa sei settimane fa, in una stagione ch'era ancora la vuota, bruciata, febbricosa Roma, e questa circostanza con altre difficoltà pratiche di assetto protrasse senza fine l'inquietudine intorno a noi e il paese straniero gravava su noi col peso dell'esilio. Si deve anche aggiungere che Roma (se ancora non la si conosce) nei primi giorni opprime di tristezza: per l'aria morta e torbida di museo, che respira, per la moltitudine delle sue età trascorse ripescate e tenute in piedi faticosamente (di cui si nutre un piccolo presente), per l'indicibile vanteria, sostenuta da dotti e filologi e imitata dagli abituali visitatori d'Italia, di tutte quelle sfigurate e guaste cose, che in fondo non sono

più che resti casuali d'un altro tempo e di un'altra vita, che non è la nostra e non dev'essere la nostra. Finalmente, dopo settimane di quotidiana difesa, si ritrova — benché ancora un po' confusi — la via a se stessi e ci si dice: no, qui non c'è più bellezza che in qualche altro luogo e tutti questi oggetti sempre ammirati dalle generazioni in catena, corretti e restaurati da mani di manovali, non significano nulla, non sono nulla e non hanno né cuore né valore; ma molta bellezza c'è qui, perché dovunque è molta bellezza.

Acque infinitamente piene di vita entrano per gli antichi acquedotti nella grande città e danzano nelle molte piazze su bianche tazze di pietra e si spandono in ampi bacini e scrosciano il giorno e alzano il loro scroscio la notte, che qui è grande e stellata e tenera di venti. E giardini ci sono, indimenticabili viali e scalinate, scalinate inventate da Michelangelo, scalinate costruite a imagine delle acque cadenti, che ampie generano nella caduta gradino da gradino come onda da onda. Tali impressioni giovano a raccogliersi, a recuperarsi dalle molte cose piene di presunzione, che ivi parlano e ciarlano (e quanto sono loquaci!) e si impara lentamente a conoscere le pochissime cose, in cui dura l'eterno, che si può amare, e la solitudine, a cui sommessamente si può partecipare.

Ancora abito in città, sul Campidoglio, non lontano dalla più bella figura equestre che ci sia stata conservata dall'arte romana, la statua

di Marco Aurelio; ma tra alcune settimane passerò in un luogo semplice e tranquillo, una vecchia terrazza perduta nel profondo di un grande parco, celata alla città, al suo frastuono e al caso. Abiterò là tutto l'inverno e godrò della grande quiete, da cui attendo il dono di buone e ricche ore...

Di là, dove mi sentirò più a casa, vi scriverò una lettera maggiore dove anche si riparlerà del vostro messaggio. Oggi vi devo solo ancora dire (e forse è ingiusto che non l'abbia già fatto prima) che il libro annunciatomi nella vostra lettera (che doveva contenere lavori vostri) non è arrivato. È tornato a voi, forse da Worpswede? (Ché non si possono spedire plichi all'estero). È questa possibilità la più benigna, e vorrei averla confermata. Spero non sia andato perduto, non sarebbe un'eccezione con le poste italiane, purtroppo.

Avrei ricevuto volentieri questo libro (come ogni cosa che contenga un vostro segno); e versi, che sieno nati frattanto, se me li confidate, sempre li voglio leggere e rileggere e vivere, come meglio e più cordialmente io possa.

Auguri e saluti.

Il vostro
RAINER MARIA RILKE

Roma, 23 dicembre 1903

Mio caro signor Kappus,

Voi non dovete rimanere senza un mio saluto mentre viene il Natale e voi, in mezzo alla festa, portate la vostra solitudine con maggior fatica che mai. Ma se poi v'accorgete che è grande, rallegratevene; che sarebbe infatti (domandatevi) una solitudine senza grandezza; c'è solo *una* solitudine, e quella è grande e non è facile a portare e a quasi tutti giungono le ore in cui la permuterebbero volentieri con qualche comunione per quanto triviale e a buon mercato, con l'apparenza di un minimo accordo col primo capitato, col più indegno... Ma sono forse quelle le ore in cui la solitudine cresce; ché la sua crescita è dolorosa come la crescita dei fanciulli e triste come l'inizio delle primavere. Ma questo non vi deve sviare. Questo solo è che abbisogna: solitudine, grande intima solitudine. Penetrare in se stessi e per ore non incontrare nessuno, — questo si deve poter raggiungere. Essere soli come s'era soli da bambini, quando gli adulti andavano attorno, impigliati in cose che sembravano importanti e grandi,

41

perché i grandi apparivano così affaccendati e nulla si comprendeva del loro agire.

E quando un giorno si scopre che le loro occupazioni sono miserabili, le loro professioni irrigidite e non più legate alla vita, perché non continuare come bambini a osservarle come cosa estranea, dalla profondità del proprio mondo, dalla vastità della propria solitudine, che è anche lavoro e grado e professione? Perché voler mutare la sapiente incomprensione del bambino con la difesa e il disprezzo, poi che l'incomprensione è solitudine, ma la difesa e il disprezzo partecipazione a quello da cui ci si vuole separare con questi mezzi.

Pensate, caro signore, al mondo che portate in voi, e chiamate questo pensare come volete; sia ricordo della propria infanzia o desiderio del proprio futuro, — solo ponete attenzione a quello che sorge in voi, e levatelo sopra tutto quello che osservate intorno a voi. Il vostro più intimo accadere è degno di tutto il vostro amore, a esso voi dovete in qualche maniera lavorare e non perdere troppo tempo e animo a chiarire la vostra posizione di fronte agli uomini. Chi vi dice del resto che abbiate una posizione? Lo so, la vostra professione è dura e irta di contrasto contro di voi, e io ho previsto il vostro lamento e sapevo si sarebbe levato. Ora che s'è levato, io non lo posso placare, solo posso consigliarvi di riflettere se tali non siano tutte le professioni, piene di richieste, piene d'ostilità contro il

42

singolo, impregnate per così dire dell'odio
di quelli che si sono acconciati muti e arci-
gni al nudo dovere. Lo stato in cui ora siete
costretto a vivere, non è più duramente aggravato di convenzioni, pregiudizi ed errori
che tutti gli altri stati, e se alcuni ve ne sono
che ostentano una maggior libertà, non ve
n'è alcuno che si offra per sé vasto e di ampio respiro e tocchi le grandi cose, in cui consiste la vera vita. Soltanto il singolo, che è
solitario, è posto sotto le profonde leggi come una cosa e, se uno esce nel mattino che
s'alza o guarda nella sera piena d'evento, e
sente che cosa ivi accade, ogni stato allora si
stacca da lui, come da un morto, benché stia
fitto nel mezzo della vita. Quello che ora voi,
caro signor Kappus, dovete provare come uf-
ficiale, l'avreste similmente sentito in ognuna delle altre professioni; anzi persino se, fuori d'ogni ufficio, aveste cercato solo un commercio lieve e indipendente con la società,
non vi si risparmiava tale senso d'angustia.
È da per tutto così; ma non è questa una ragione d'angoscia o di tristezza; se tra gli uomini e voi non c'è comunione, tentate d'essere vicino alle cose, e non vi abbandoneran-
no; ancora esistono, prossime, le notti e i venti, che solcano gli alberi e molti paesi; ancora tra le cose e negli animali tutto è pieno
di evento, cui v'è concesso di partecipare; e
ancora sono i bambini, come voi siete stato
da bambino, così tristi e così felici — e quando voi pensate alla vostra infanzia rivivete

43

di nuovo tra di loro, tra i solitari bambini, e nulla sono gli adulti e la loro dignità non ha valore.

E se v'è angoscia e tormento pensare all'infanzia e alla calma e alla semplicità che si lega con essa, perché non potete più credere in Dio, il quale ivi s'incontra da per tutto, chiedetevi allora, caro signor Kappus, se abbiate perduto realmente Iddio. O non è piuttosto vero che non l'avete ancora mai posseduto? O quando sarebbe accaduto? Credete che un bambino lo possa tenere, lui, che solo reggono a fatica gli uomini, e il suo peso opprime i vegliardi? Credete, chi lo possiede realmente lo possa perdere come una pietruzza, o non credete anche voi forse che chi lo possedesse potrebbe solo più venir perduto da lui? Ma se voi riconoscete ch'egli non era nella vostra infanzia, né prima, se indovinate che Cristo fu illuso dalla sua nostalgia e Muhamed ingannato dal suo orgoglio, e se con terrore sentite che anche ora egli non è, mentre parliamo di lui, chi vi dà diritto allora di rimpiangere lui che non fu mai, come un defunto, e ricercarlo quasi fosse perduto?

Perché non pensate ch'egli è quello che ha da venire, l'imminente dall'eternità, il futuro, il finale frutto d'un albero, di cui noi siamo le foglie? Chi vi trattiene dal gettar la sua nascita nei tempi venturi e vivere la vostra vita come un bello e doloroso giorno nella storia d'una grande gestazione? Non vedete come tutto quanto accade è ancora sempre

44

un cominciamento, e non potrebbe essere il *suo* cominciamento, poi che cominciare è sempre in sé così bello? S'egli è il Perfettissimo, non deve *prima* di lui essere il meno perfetto, perché egli si possa trascegliere dalla pienezza e la sovrabbondanza? Non deve egli essere l'ultimo, per abbracciare in sé tutto, e quale senso avremmo noi, s'egli, a cui noi ci protendiamo, fosse già stato?

Come le api adunano il miele, così da tutto noi suggiamo l'essenza più dolce per edificarlo. Anche con le cose più umili, non appariscenti (se accade solo per amore) noi cominciamo, col lavoro e il riposo che lo segue, con un silenzio e una piccola gioia solinga, con tutto quello che facciamo soli, senza partecipi e seguaci, noi cominciamo lui, che non vedremo compiuto, come i nostri avi non poterono veder noi. E pure sono, quegli scomparsi da lungo tempo, in noi, come disposizione, come peso sul nostro destino, come sangue che mormora e gesto che s'alza dalle profondità del tempo.

Esiste qualcosa che vi possa togliere la speranza d'essere così un giorno in lui, il più lontano, l'estremo?

Festeggiate, caro signor Kappus, Natale in questo pio sentimento ch'Egli forse abbisogni appunto di questa vostra angoscia della vita, per iniziare; appunto questi giorni vostri di transizione sono forse il tempo in cui dentro di voi tutto lavora a lui, come già una volta, bambino, lavoraste a lui senza respiro. Siate

45

paziente e senza acredine e pensate che il minimo che noi possiamo fare è di non intralciargli il divenire più che non faccia la terra alla primavera, quando vuol venire.
E siate lieto e fiducioso.

Il vostro
RAINER MARIA RILKE

pai cuocuscenza arrendue e pensate che il no-
ttmo che noi possaimo tare e di non farlati
ctarle a loniatre più che essi non vogliaatra
che consigli, Quando vista... chi sua...
* stata bene e diurnicaci... è

Roma, 14 maggio 1904

Mio caro signor Kappus,

È passato molto tempo da quando ho ricevuto
la vostra ultima lettera. Non me ne vogliate
male; prima il lavoro, poi noie, e infine ca-
gionevolezza di salute m'hanno distratto sempre di nuovo dalla risposta che (questa era la
mia volontà) doveva venire a voi da calme e
buone giornate. Ora mi risento di nuovo un
poco meglio (l'inizio della primavera coi suoi
maligni trapassi capricciosi si è fatto sentire
anche qui fastidiosamente) e giungo a salutarvi, caro signor Kappus, e dirvi (ciò che faccio così volentieri) questa e quella cosa di rimando alla vostra lettera, come meglio so.
Vedete: ho trascritto il vostro sonetto, perché
ho trovato ch'è bello e semplice e nato nella
forma, in cui procede con sì placido decoro.
Sono questi i migliori versi che mi sia stato
dato leggere di voi. E ora ve ne porgo quella
trascrizione perché so che è cosa importante
e carica di nuova esperienza ritrovare un proprio lavoro in una copia di altra mano. Leggete i versi quasi fossero d'un estraneo, e nel-
l'intimo sentirete quanto siano vostri.
È stata per me una gioia leggere sovente que-

47

sto sonetto e la vostra lettera; vi ringrazio per tutt'e due.

E non dovete lasciarvi sviare nella vostra solitudine perché qualcosa dentro di voi desidera uscirne. Appunto questo desiderio, se l'userete in modo calmo e ponderato e come uno strumento, vi aiuterà ad ampliare la vostra solitudine su vasto paese. La gente (con l'aiuto di convenzioni) ha dissoluto tutto in facilità e della facilità nella più facile china; ma è chiaro che noi ci dobbiamo tenere al difficile; ogni cosa vivente ci si tiene, tutto nella natura cresce e si difende alla sua maniera ed è una cosa distinta per sua virtù dall'interno, tenta d'essere se stessa ad ogni costo e contro ogni resistenza. Poco noi sappiamo, ma che ci dobbiamo tenere al difficile è una certezza che non ci abbandonerà; è bene essere soli perché la solitudine è difficile; che alcuna cosa sia difficile dev'essere una ragione di più per attuarla.

Anche amare è bene: ché l'amore è difficile. Voler bene da uomo a uomo: questo è forse il più difficile compito che ci sia imposto, l'estremo, l'ultima prova e testimonianza, il lavoro, per cui ogni altro lavoro è solo preparazione. Perciò i giovani, che sono principianti in tutto, non sanno ancora amare: devono imparare. Con tutto l'essere, con tutte le forze, raccolte intorno al loro cuore solitario, angosciato, che batte verso l'alto, devono imparare ad amare. Ma il tempo dell'apprendere è sempre un tempo lungo, di clausura,

e così amare è, per lungo spazio e ampio fino entro il cuore della vita, solitudine, più intensa e approfondita solitudine per colui che ama. Amare anzitutto non vuol dire schiudersi, donare e unirsi con un altro (che sarebbe infatti l'unione di un elemento indistinto, immaturo, non ancora libero?), amare è un'augusta occasione per il singolo di maturare, di diventare in sé qualche cosa, diventare mondo, un mondo per sé in grazia d'un altro, è una grande immodesta istanza che gli vien posta, qualcosa che lo elegge, e lo chiama a un'ampia distesa. Solo in questo senso, quale comandamento di lavorare a sé («di origliare e martellare giorno e notte») giovani creature potrebbero usare l'amore, che vien loro dato. Espandersi e offrire ogni sorta di comunione non è per esse (che ancora a lungo, a lungo devono risparmiare e accumulare); è il coronamento, è forse quello per cui vite di uomini oggi non bastano ancora.

In questo però i giovani errano così spesso e così gravemente: che essi (nella cui natura è di non aver alcuna pazienza) si gettano l'uno verso l'altro, quando amore li assale, si spandono, come sono, in tutta la loro torbidezza, disordine, confusione... Ma che deve allora accadere? Che deve fare la vita di questo cumulo di frantumi, ch'essi chiamano la loro comunione e ch'essi chiamerebbero volentieri la loro felicità e il loro futuro? Allora ognuno si perde per l'altro e perde l'altro e

49

molti altri, che ancora volevano venire. E perde le distese e le possibilità, scambia l'avvento e lo svanire di sommesse cose piene di presentimento contro un'infruttuosa perplessità, da cui più nulla può venire; null'altro che un poco di nausea, delusione e povertà e il salvataggio in una delle molte convenzioni, che vengono disposte come rifugi comuni in gran numero lungo questa pericolosissima via. Nessun dominio di esperienza umana è così provvisto di convenzioni come questo; cinture di salvataggio della più diversa fantasia, battelli e vesciche natatorie sono lì disponibili; ripari d'ogni genere ha saputo costruire l'intendimento sociale, perché — com'era incline a prendere la vita dell'amore come un piacere — doveva anche produrla facile, a buon mercato, senza rischi e sicura come sono i pubblici svaghi.

Certo molti giovani che amano erroneamente, cioè con semplici effusioni, senza solitudine (la media s'atterrà sempre a questa via —) sentono il peso di una vocazione sbagliata e anche vogliono rendere vitale e fruttuoso a modo loro lo stato in cui sono capitati; ché la loro natura dice loro che le domande dell'amore ancora meno che tutto il resto che abbia qualche importanza possono essere risolte pubblicamente e secondo questa o quella transazione; che sono domande, domande urgenti da essere a essere, che hanno bisogno di una risposta in ogni caso particolare, *solo* personale. Ma come potreb-

bero essi, che già si sono confusi insieme e non si delimitano e distinguono più, che non possiedono dunque più nulla di proprio, trovare una via di uscita nel profondo di se stessi, della solitudine già franata?

Agiscono per comune sgomento, e capitano, quando vogliano evitare, con la migliore volontà, la convenzione che gli si para innanzi (p. e. il matrimonio), nella rete di una soluzione, meno rumorosa ma ugualmente mortale e convenzionale; ché allora ormai, intorno ad essi tutto è convenzione; là dove si agisce da una comunanza prematuramente confluita, torbida, *ogni* azione è convenzionale: ogni relazione a cui porti questo smarrimento ha la sua convenzione per quanto inusitata (cioè, nel senso corrente, immorale); anche la separazione sarebbe allora un passo convenzionale, un'impersonale decisione casuale, senza forza e senza frutto.

Chi consideri seriamente, trova che, — come per la morte, che è difficile, — anche per il difficile amore ancora non è stato riconosciuto alcun chiarimento, alcuna soluzione, né cenno né via; e non si potrà ricercare per questi compiti, che noi portiamo velati e consegniamo oltre ad altri senz'aprirli, alcuna regola comune, che riposi su accordi generali. Ma nella stessa misura in cui noi cominciamo a tentare come singoli la vita, verranno incontro a noi, i singoli, queste grandi cose, via via più vicine. Le istanze, che il difficile lavoro dell'amore pone al nostro svi-

51

luppo, sono grandi oltre la vita, e noi non siamo, come principianti, ancora alla loro altezza. Ma se noi persistiamo e prendiamo su noi questo amore come peso e noviziato, invece di perderci a tutto il gioco facile e spensierato, dietro cui gli uomini si sono nascosti in faccia alla più grave gravità della loro esistenza, forse sarà sensibile un piccolo progresso e un piccolo alleggerimento a quelli che verranno molto dopo di noi; e sarebbe molto.

Noi giungiamo appunto solo ora a considerare la relazione di una singola creatura umana con una seconda singola creatura senza pregiudizi e obiettivamente, e i nostri tentativi di vivere una simile relazione non hanno alcun modello avanti a sé. E pure nella curva del tempo già sono alcune cose che vogliono aiutare i nostri primi passi peritosi di principianti.

La fanciulla e la donna, nella loro nuova propria evoluzione, saranno soltanto per un tempo passeggero imitatori delle maniere e cattive maniere maschili e ripetitori di maschili professioni. Dopo l'incertezza di simili transizioni si dimostrerà che le donne sono soltanto passate attraverso la varietà e la volubilità di quei travestimenti (spesso ridicoli), per purificare il loro più proprio essere dagli influssi deformatori dell'altro sesso. Le donne, in cui la vita dimora più immediata, più fruttuosa e confidente, dovranno in fondo diventare esseri umani più maturi, più

umani che il leggero maschio, il quale, non
tratto oltre la superficie della vita dal peso
di alcun frutto corporale, presuntuoso e affrettato, spregia quello che crede di amare.
Questa umanità della donna sopportata in dolori e umiliazioni, quando avrà gettate da
sé le convenzioni della esclusiva femminilità
nelle metamorfosi del suo stato esteriore, verrà alla luce, e gli uomini che non la sentono oggi ancora venire, ne saranno sorpresi e
colpiti. Un giorno (e di ciò ora, specialmente nei paesi nordici, già parlano e brillano
fidi segni) un giorno esisterà la fanciulla e
la donna, il cui nome non significherà più
soltanto un contrapposto al maschile, ma
qualcosa per sé, qualcosa per cui non si pen-
serà a complemento e confine, ma solo a vita
reale: l'umanità femminile.
Questo progresso trasformerà (da principio
contro la volontà dei maschi sorpassati) l'esperienza dell'amore, che ora è piena d'errore,
la muterà dal fondo, la riplasmerà in una
relazione intesa da uomo a uomo, non più
da maschio a femmina. E questo più umano
amore (che si compirà infinitamente attento e sommesso, e buono e chiaro nel legare e
nello sciogliere) somiglierà a quello che noi
con lotta faticosa prepariamo, all'amore che
in questo consiste, che due solitudini si cu-
stodiscano, delimitino e salutino a vicenda.
E questo ancora: non crediate che quel grande amore che a voi, fanciullo, un tempo si
impose, fosse perduto; potete voi dire se al-

lora non siano maturati in voi grandi e buoni desideri e premesse, di cui vivete ancora oggi? Io credo che quell'amore resti così forte e potente nel vostro ricordo, perché fu la prima vostra profonda solitudine e il primo lavoro intimo che voi avete dedicato alla vostra vita. — Tutti i buoni auguri per voi, caro signor Kappus!

Il vostro
RAINER MARIA RILKE

[*Trascrizione del sonetto di Kappus*]

Borgeby gård, Flädie (Svezia), 12 agosto 1904

Voglio tornare a parlarvi ancora un tratto, caro signor Kappus, se anche non posso dirvi quasi nulla che rechi qualche aiuto, a pena qualcosa di utile. Voi avete avuto molte e grandi tristezze, che se ne sono andate. E dite che anche quel loro andarsene fu per voi difficile e irritante. Ma vi prego, riflettete se quelle grandi tristezze non siano piuttosto passate attraverso di voi. Se molto in voi non si sia trasformato, se in qualche parte, in qualche punto del vostro essere non vi siate mutato, mentre eravate triste. Pericolose e maligne sono quelle tristezze soltanto, che si portano tra la gente, per soverchiarle col rumore; come malattie, che vengano trattate superficialmente e in maniera sconsiderata, fanno solo un passo indietro e dopo una breve pausa erompono tanto più paurosamente; e si raccolgono nell'intimo e sono vita, sono vita non vissuta, avvilita, perduta, di cui si può morire. Ci fosse dato di veder più oltre che non giunga il nostro sapere e un poco più in là dei bastioni del nostro presentimento, forse allora sopporteremmo noi le nostre tristezze con maggior fiducia che le no-

stre gioie. Ché sono esse i momenti, in cui qualcosa di nuovo è entrato in noi, qualcosa di sconosciuto; i nostri sentimenti ammutoliscono in casta timidezza, tutto in noi indietreggia, sorge una calma, e il nuovo, che nessuno conosce, vi sta nel mezzo e tace.

Io credo che quasi tutte le nostre tristezze siano momenti di tensione, che noi risentiamo come paralisi, perché non udiamo più vivere i nostri sentimenti sorpresi. Perché noi siamo soli con la cosa straniera ch'è entrata in noi; perché quanto ci era confidente e abituale per un momento ci è tolto; perché noi siamo in un trapasso, dove non possiamo fermarci. Perciò anche passa la tristezza; il nuovo in noi, il sopravvenuto, è entrato nel nostro cuore, è penetrato nella sua camera più interna e anche là non è più, — è già nel sangue. E noi non apprendiamo che fosse. Ci si potrebbe facilmente persuadere che nulla sia accaduto, e pure noi ci siamo trasformati, come si trasforma una casa, in cui sia entrato un ospite. Noi non possiamo dire chi sia entrato, forse non lo sapremo mai, ma molti indizi suggeriscono che il futuro entra in noi in questa maniera per trasformarsi in noi, molto prima che accada. E però è tanto importante essere soli e attenti, quando si è tristi: perché il momento vuoto in apparenza e fisso, in cui il futuro entra in noi, è tanto più vicino alla vita, di quell'altro sonoro e casuale istante in cui esso, come dal di fuori, ci accade. Quanto più calmi, pa-

zienti e aperti noi siamo nella tristezza, tanto più profondo e infallibile entra in noi il nuovo, tanto meglio noi ce lo conquistiamo, tanto più sarà esso *nostro* destino, e noi ci sentiremo, se un giorno più tardi « accadrà » (cioè da noi uscirà verso gli altri) nel più intimo affini e prossimi a lui. E questo è necessario. È necessario — e su questo cammino si svolgerà successivamente il nostro sviluppo, — che nulla ci accada di estraneo, ma solo quanto da lungo tempo ormai ci appartiene. Si sono già dovuti ripensare rovesciando tanti concetti di movimento, si imparerà anche a poco a poco a riconoscere che quello che noi chiamiamo destino esce dagli uomini, non entra in essi da fuori. Solo perché tanti non assorbirono e trasformarono in se stessi i loro destini, finché vivevano in loro, non riconobbero che cosa usciva da essi; era a loro così estraneo ch'essi credettero, nel loro terrore smarrito, che dovesse appunto ora essere entrato in loro, ché giuravano non avere in sé prima ritrovato mai cosa simile. Come a lungo ci si è ingannati sul movimento del sole, così ci s'inganna ancora sempre sul movimento dell'avvenire. Il futuro sta fermo, caro signor Kappus, ma noi ci moviamo nello spazio infinito.

Come dovremmo non sentirne fatica?

E se torniamo a parlare della solitudine, si chiarisce sempre più che non è cosa che sia dato scegliere o lasciare. Noi *siamo* soli. Ci si può ingannare su questo e fare come se

non fosse così. È tutto. Ma quanto meglio è comprendere che noi lo siamo, soli, e anzi muovere di lì. E allora accadrà che saremo presi dalle vertigini; ché tutti i punti, su cui il nostro occhio usava riposare, ci vengono tolti, non v'è più nulla di vicino, e ogni cosa lontana è infinitamente lontana. Chi dalla sua stanza, quasi senza preparazione e trapasso, venisse posto sulla cima di una grande montagna, dovrebbe provare un senso simile: una incertezza senza uguali, un abbandono all'ignoto quasi l'annienterebbe. Egli vaneggerebbe di cadere o si crederebbe scagliato nello spazio o schiantato in mille frantumi; quale enorme menzogna dovrebbe inventare il suo cervello per recuperare e chiarire lo stato dei suoi sensi. Così si mutano per colui che diviene solitario tutte le distanze, tutte le misure; di queste mutazioni molte sorgono d'improvviso e, come in quell'uomo sulla cima della montagna, nascono allora straordinarie imaginazioni e strani sensi, che sembrano crescere sopra ogni misura sopportabile. Ma è necessario che noi consumiamo anche *questa* esperienza. Noi dobbiamo accogliere la nostra esistenza quanto più ampiamente ci riesca; tutto, anche l'inaudito, deve essere ivi possibile. È questo in fondo il solo coraggio, che a noi si richieda: il coraggio di fronte all'esperienza più strana, più prodigiosa e inesplicabile, che si possa incontrare. Che gli uomini fossero in questo senso vili, ha recato un danno infinito alla vita; le esperienze che

si chiamano « apparizioni », tutto il così detto « mondo degli spiriti », la morte, tutte queste cose a noi così affini sono state tanto cacciate per difesa quotidiana dalla vita che i sensi, con cui le potremmo afferrare, sono rattrappiti. Non parliamo poi di Dio. Ma l'angoscia davanti all'inesplicabile non solo ha impoverito l'esistenza del singolo, anche le relazioni da uomo a uomo ne sono state ristrette, come trasportate da un alveo d'infinite possibilità su un argine incolto, a cui nulla accade. Ché non si deve solo alla pigrizia se le relazioni umane si ripetono così indicibilmente monotone e senza novità da caso a caso, ma alla paura di un'esperienza nuova, imprevedibile, a cui non ci si crede maturi. Ma solo chi è disposto a tutto, chi non esclude nulla, neanche la cosa più enigmatica, vivrà la relazione con un altro come qualcosa di vivente e attingerà sino al fondo la sua propria esistenza. Ché come noi pensiamo questa esistenza del singolo quale uno spazio o più grande o più piccolo, si mostra così che i più imparano a conoscere soltanto un angolo del loro spazio, un posto alla finestra, una striscia, su cui vanno su e giù. Così hanno essi una certa sicurezza. E pure è quella incertezza piena di pericoli tanto più umana, che spinge i prigionieri nelle storie di Poe a palpare le forme del loro pauroso carcere e a non estraniarsi agli indicibili terrori del loro soggiorno. Ma noi non siamo prigionieri. Non reti e trappole sono tese

intorno a noi, e non v'è nulla che ci debba angosciare o tormentare. Noi siamo posti nella vita come nell'elemento più conforme a noi, e inoltre per adattamento millenario ci siamo tanto assimilati a questa vita, che, se ci teniamo immobili, per un felice mimetismo appena ci si può distinguere da tutto quanto ci attornia. Noi non abbiamo alcuna ragione di diffidare del nostro mondo, ché non è esso contro di noi. E se ha terrori, sono *nostri* terrori; se ha abissi, appartengono a noi questi abissi, se vi sono pericoli, dobbiamo tentare di amarli. E se solo indirizziamo la nostra vita secondo quel principio, che ci consiglia di attenerci sempre al difficile, quello che ora ci appare ancora la cosa più estranea, ci diventerà la più fida e fedele. Come possiamo dimenticarci di quegli antichi miti, che stanno alle origini di tutti i popoli? i miti dei draghi, che si tramutano nel momento supremo in principesse; sono forse tutti i draghi della nostra vita principesse, che attendono solo di vederci un giorno belli e coraggiosi. Forse ogni terrore è nel fondo ultimo l'inermità, che vuole aiuto da noi.

Così non dovete, caro signor Kappus, sgomentarvi, se una tristezza si leva davanti a voi, grande come ancora non ne avete viste; se una inquietudine, come luce e ombra di nuvole, scorre sulle vostre mani e su quanto voi fate. Dovete pensare che qualcosa accade in voi, che la vita non vi ha dimenticato, che vi tiene nella sua mano; non vi lascerà cade-

re. Perché volete voi escludere alcuna inquietudine, alcuna sofferenza, alcuna amarezza dalla vostra vita, poiché non sapete ancora che cosa tali stati stiano lavorando in voi? Perché mi volete voi perseguitare con la domanda di dove possa venire tutto questo e dove voglia finire? Quando pure sapete che siete in trapasso e nulla avete tanto desiderato quanto trasformarvi. Se qualcosa dei vostri processi ha l'aspetto d'una malattia, riflettete che la malattia è il mezzo con cui l'organismo si libera dall'estraneo; allora bisogna solo aiutarlo a essere malato, con tutta la sua malattia, che scoppi poiché questo è il suo progresso. In voi, caro signor Kappus, accadono ora tante cose: dovete essere paziente come un malato e guardingo come un convalescente, ché voi siete l'uno e l'altro. E più: voi siete anche il medico, che deve vigilare se stesso. Ma in ogni malattia ci sono molti giorni, in cui il medico non può fare altro che attendere. E questo è quello che voi, in quanto siete voi il vostro medico, ora anzitutto dovete fare.

Non vi osservate troppo. Non ricavate conclusioni troppo rapide da quello che vi accade; lasciate che semplicemente vi accada. O troppo facilmente arriverete a guardare *con risentimento* (cioè: moralmente) il vostro passato, che naturalmente è compartecipe a tutto quello che ora vi accade. Ciò che in voi opera ancora degli errori, desideri e brame della vostra fanciullezza, non è però quel-

lo che ricordate e giudicate. Le straordinarie condizioni di un'infanzia solitaria e inerme sono così difficili, così complicate, abbandonate a tante influenze e nello stesso tempo così sciolte da tutte le reali connessioni della vita, che dove un vizio entra in essa, non lo si può senz'altro chiamare vizio. Si deve in generale esser così prudenti coi nomi, è spesso il *nome* di un delitto, a cui la vita s'infrange, non l'azione stessa senza nome e personale, che forse era una necessità assolutamente determinata di quella vita e senza fatica potrebbe venirne assunta. E lo spreco di forza solo perciò vi appare così grande, perché stimate troppo la vittoria; non è essa la cosa « grande », che voi credete di avere compiuta, se anche il vostro sentimento ha ragione; grande è che già qualcosa esisteva, che poteste mettere al luogo di quell'inganno, qualcosa di vero e di reale. Senza di questo anche la vostra vittoria sarebbe stata soltanto una reazione morale, senza vasto significato, così invece è divenuta una fase della vostra vita. Della vostra vita, caro signor Kappus, a cui io penso con tanti voti. Vi ricordate come questa vita bramava di uscire dall'infanzia incontro ai « grandi »? Io vedo come ora dai « grandi » si tende oltre verso più grandi. Perciò resta difficile, ma perciò anche non finirà di crescere.

E se vi debbo dire ancora una cosa, è questa: non crediate che colui, che tenta di confortarvi, viva senza fatica in mezzo alle pa-

role semplici e calme, che qualche volta vi fanno bene. La sua vita reca molta fatica e tristezza e resta lontana dietro a loro. Ma, fosse altrimenti, egli non avrebbe potuto trovare quelle parole.

Il vostro
RAINER MARIA RILKE

Furuborg, Jonsered (Svezia), 4 novembre 1904

Mio caro signor Kappus,

In questo tempo, ch'è trascorso senza lettere, parte ero in viaggio, parte così occupato da non potere scrivere. E anche oggi mi pesa scrivere, ché ho già dovuto scrivere molte lettere e ho la mano stanca. Potessi dettare, vi direi molto, ma così accettate solo poche parole per la vostra lunga lettera.

Io penso, caro signor Kappus, sovente e con voti così intensi, a voi, che questo vi dovrebbe in qualche maniera aiutare. Se le mie lettere possano realmente aiutarvi, ne dubito sovente. Non dite: sì, m'aiutano. Accoglietele tranquillamente e senza molte grazie e lasciateci attendere quel che vorrà venire.

Forse non giova che io ora entri minutamente nelle vostre singole parole; ché ciò ch'io potrei dire sulla vostra inclinazione al dubbio, sulla vostra incapacità di ridurre in armonia la vita interna e l'esteriore o su tutto il resto che vi opprime — è sempre quello che ho già detto: sempre l'augurio che possiate trovare assai pazienza in voi da sopportare e assai semplicità da credere; che pos-

65

siate acquistare sempre più fiducia in quello ch'è difficile e nella vostra solitudine tra gli altri. E per il resto lasciatevi accadere la vita. Credetemi: la vita ha ragione, in tutti i casi.

E dei sentimenti: puri sono tutti i sentimenti che vi raccolgono e vi sollevano; impuro è il sentimento che vi afferra solo un lato del vostro essere e così vi stravolge. Tutto quello che voi potete pensare in faccia alla vostra infanzia è buono. Tutto quello che vi *aumenta* di fronte a quello che foste nelle vostre ore migliori, è giusto. Ogni esaltazione è buona, se è in *tutto* il vostro sangue, se non è ebbrezza, torbido, ma gioia di cui si veda il fondo. Comprendete che intendo?

E il vostro dubbio può divenire una buona qualità, se lo *educate*. Esso deve diventare conoscenza, deve farsi critica. Domandategli, ogni volta che vuole guastarvi qualche cosa, *perché* tal cosa sia brutta, esigete dimostrazioni da lui, esaminatelo, e lo troverete forse inerme e confuso, anche forse arrogante. Ma non cedete, sollecitate prove e agite così, attento e conseguente, ogni singola volta, e verrà giorno in cui da distruttore diverrà uno dei vostri migliori lavoratori — forse il più accorto di tutti quelli che edificano la vostra vita.

Questo è, caro signor Kappus, tutto quello che oggi vi posso dire. Ma vi mando insieme la copia a parte di una piccola poesia che è apparsa ora nel « Lavoro Tedesco » di Pra-

ga. Ivi io continuo a parlarvi della vita e della morte e della grandezza e magnificenza dell'una e dell'altra.

Il vostro
RAINER MARIA RILKE

Dovete sapere, caro signor Kappus, quanto
sono stato contento di ricevere da voi questa bella lettera. Le notizie che mi date, reali
ed esprimibili quali ormai sono di nuovo,
mi sembrano buone e, quanto più a lungo
le ho ripensate, tanto più le ho sentite realmente buone. Questo io vi volevo propriamente scrivere per Natale; ma in mezzo al
lavoro, in cui io vivo quest'inverno in maniera molteplice e ininterrotta, l'antica festa
è arrivata così veloce, che ho avuto appena
tempo per fare le più necessarie commissio-
ni, non che per scrivere.
Ma pensato ho spesso a voi in questi giorni
di festa e imaginato quanto tranquillo dovete essere nel vostro forte solitario tra i vuoti
monti, su cui precipitano quei grandi venti
meridionali, quasi volessero divorarli a gran
pezzi.
Immenso dev'essere il silenzio, in cui tali rumori e movimenti hanno spazio, e se si pensa
che a tutto questo s'aggiunge ancora la presenza del remoto mare con la sua voce, quasi fosse il più intimo tono in codesta preisto-

rica armonia, vi si può solo augurare che lasciate operare in voi fiducioso e paziente la solenne solitudine, che non potrà più essere spogliata dalla vostra vita, che in tutto quello che vi attende da esperimentare e da compiere opererà come un influsso anonimo continua e sommessamente decisiva, quasi come in noi senza posa si muove sangue dei nostri avi e si compone col nostro nella cosa unica, irrepetibile che noi siamo a ogni curva della nostra vita.

Sì: io mi rallegro che abbiate con voi codesta solida dicibile esistenza, codesto titolo, codesta uniforme, codesto servizio, tutte codeste cose afferrabili e delimitate, che in simile ambiente con un corpo di truppa del pari isolata e non numerosa, assume serietà e necessità, e, superato il gioco e la perdita di tempo della professione militare, significa un'applicazione vigilante e non solo permette, ma addirittura educa un'attenzione indipendente. E trovarci in condizioni, che lavorino a noi, che ci pongano di tempo in tempo davanti a grandi cose naturali, questo è tutto quello di cui abbiamo bisogno.

Anche l'arte è solo una maniera di vivere e ci si può preparare a essa, senza sapere, vivendo in un certo modo; in ogni situazione reale si è più vicini a essa e quasi casigliani che nelle professioni irreali semiartistiche, che, mentre illudono d'una vicinanza all'arte, praticamente negano e attentano l'esistenza d'ogni arte, come fa l'intero giornalismo e quasi

70

tutta la critica e tre quarti di ciò che si chiama e vorrebbe chiamarsi letteratura. Mi rallegro, in una parola, che abbiate superato il pericolo di capitare in tali secche, e siate in qualche luogo solo e coraggioso entro una rude realtà. Possa l'anno imminente serbarvi e fortificarvi in essa.

Sempre vostro
RAINER MARIA RILKE

71

LETTERE
A UNA GIOVANE SIGNORA

Credo, gentile signora, di non poter rispondere alle righe che voi m'avete scritte, meglio e anche più precisamente che assicurandovi quanto io comprenda l'impulso da cui sono scaturite. L'opera d'arte nulla può mutare e nulla rimediare; una volta ch'esiste, di fronte agli uomini sta come la natura, in sé colma, a se stessa affaccendata (come una fontana), dunque, se così la si vuol chiamare, impartecipe. Ma infine noi ben sappiamo che questa seconda natura, che sembra tenerci indietro e a sua volta è trattenuta dal volere che la determina, pure è costituita di un elemento umano, dagli estremi di patimento e di gioia, — e qui è la chiave di quel tesoro d'inesauribile consolazione, che sembra accumulato nell'opera d'arte e su cui appunto il solitario può far valere un suo singolare, inesprimibile diritto. Si danno, lo so, momenti della vita, anni forse, in cui la solitudine fra i propri simili raggiunge un grado, che non si sarebbe ammesso, a sentirlo nominare in tempi di involontaria, corrente, socievolezza. La natura non è capace di raggiungerci, bisogna aver la forza di interpretarla e impe-

gnarla, di tradurla in qualche misura nell'umano, per trarne a sé la minima parte; ma è questo appunto che, desolati, non si arriva a compiere: ché si vuole il dono, senza condizioni, non si può fare alcun passo per incontrarlo, come un uomo in certa depressione della sua vitalità a pena potrebbe aprir la bocca pel boccone che gli si porgesse, — bisogna che ciò che vuole e deve accaderci, di sorpresa ci colga, quasi per una sua propria nostalgia di qualcuno, quasi non altro intendesse che insignorirsi di quella esistenza per trasformare in dedizione abbandonata ogni atomo di quella debilità. Anche allora nulla, a rigore, è mutato, arroganza sarebbe pretendere aiuto da un'opera d'arte; ma che la tensione dell'umano, che un'opera d'arte porta in sé, senza applicarla all'esterno, che la sua intima intensità abbia potuto, senza farsi estensiva, in virtù della sua pura presenza, provocare l'illusione quasi fosse anelito, istanza, sforzo di conquista, — amore che lotta per la conquista, travolgente, tumulto, appello: questa è dell'opera d'arte la buona coscienza (non il suo compito), — e questo inganno tra essa e l'uomo solitario s'assomiglia infine a tutti quegli inganni sacerdotali, con cui, dall'inizio dei tempi, s'è avanzato il divino.

Sono immodestamente diffuso, ma la vostra lettera mi ha realmente parlato, a me, non a uno, che solo per capriccio sia stato investito dallo scrivente del mio nome, e così ho vo-

luto anch'io da parte mia non essere meno preciso e non presentarvi delle frasi, ma la reale esperienza di questa emozione.

Le parole che usate infine per il vostro bambino danno alla vostra lettera una piega verso la confidenza, che io non posso ricambiare altrimenti che con la più perfetta disposizione ad accoglier confidenza. Se vi fa bene, raccontatemi di questo bambino e di voi, e fossero pure molte pagine. Io appartengo agli uomini all'antica, che ritengono la lettera ancora una delle più belle e fertili vie d'intrattenere un commercio familiare. Naturalmente qui devo aggiungere che questa mia disposizione a volte accumula la mia corrispondenza oltre le mie forze, che inoltre (sovente per mesi) il lavoro, più sovente ancora (come durante tutta la guerra) un'inguaribile « sécheresse d'âme » mi fa ammutolire e durare muto; ma in compenso anche, io non calcolo le relazioni umane con le misure dell'esistenza umana, troppo parca e sempre intesa a computare, ma piuttosto con le misure della natura.

Questo sia, se così volete, d'or innanzi legame e accordo tra noi; io tacerò a lungo, ma se a voi piace, sarò pur sempre di nuovo qui, consapevole, quale ho potuto essere oggi per la prima volta.

RAINER MARIA RILKE

77

Soglio (Bergell, Graubünden), Svizzera,
30 agosto 1919

Gentile signora,

Ora anzitutto questo desidero assicurare: mai,
finché voi mi vorrete rallegrare con questo
genere di comunicazione, mi sentirò imposto
il compito di un'immediata risposta: sia detto per vostra tranquillità. Le esperienze di
cui voi parlate, le condizioni del vostro animo, che voi mi fate conoscere da lontano,
giacciono anche veramente fuori di quel dominio a cui giungano « risposte ». Questo
domandare è la natura interrogativa della nostra più propria vita — chi le risponde? La
felicità, la sventura, un imprevedibile momento del cuore ci tempesta forse d'improvviso d'una replica, o si compie essa in noi
lentamente, segreta, o una creatura ce la spa-
lanca davanti, questa replica, le riempie lo
sguardo, sta sulla nuova pagina del suo cuore, che lei stessa non conosce, che noi *le leggia-
mo*. Ma sia dunque letta — non finiva già come domanda in sé? Che cosa, quale esperienza umana e quale espressione dell'umano non
sale infine la piccola altura della domanda, e
sta, aperta, verso chi? Verso il cielo.

Il destino della donna: — vorrebbe essere adempiuto, concluso, ottenere risposta, una volta per tutte, gli è innaturale restar domanda; ma non dimenticate, l'uomo sta davanti a esso precisamente come ognuno di noi stessi davanti alla natura: impotenti ad abbracciare tanto inesauribile tesoro, che si prende, si respira e poi di nuovo si abbandona, distraendone l'occhio, perdendoci lungo le città, cadendo da lei lungo i libri negli intervalli dell'esistenza, negandola e smentendola in ogni abitudine del sonno e della veglia, — finché un'onda di scontento, il pendio della delusione e stanchezza, un fermo dolore, ritrascina sul suo cuore, getta in grembo a lei, che è, noi già presso a svanire. Ma la natura, compiuta, in sé occupata e tranquilla, non avverte quando noi l'abbandoniamo; indipendente dall'impeto o dalla diversione del nostro cuore, ci ha sempre con sé, non conosce la necessità d'esser sola, o lo è come perfetta in se medesima, è sola perché essa è tutto, e allora non vive ai limiti di tale stato, ma nel suo intimo centro caldo e perfetto. Non dovrebbe avere la donna, la desolata, questo rifugio stesso d'abitare in sé, nei circoli concentrici del suo essere che ritorna salvo in se stesso? Per quanto ella è natura, le riesce forse a volte, ma poi si vendica in lei il contrasto della sua complessione, per cui le è richiesto di essere a un tempo natura e creatura umana — inesauribile ed esausta insieme. Ed esausta non per profusione, ma per-

ché non le è concesso di dare e andare ancora sempre oltre, perché la sua propria ricchezza donativa, nel suo cuore provvisto in
troppa abbondanza, le si fa peso, perché manca l'infrenabile istanza beata, cui dovrebbe
ella destarsi il mattino e cui pure calda dor-
miente ella ancora ha la forza d'adempiere
indicibilmente. Sì, allora è nella condizione
di una natura, dal cui terreno i fiori non
potessero sorgere e nutrirsi, di una natura da
cui le giovani lepri balzassero via e gli uccelli
si scagliassero fuori, senza ricadere negli asi-
li accoglienti. Ma s'ella vuole allora consistere in tale condizione di natura e riconoscere
il suo diritto in provvedere e adempiere fe-
conda oltre ogni misura, — non si sente di
nuovo smarrita nella sua coscienza umana? È
la protezione che ella offre così fida? È il dare
così infinito? E non c'è, là dietro, un'astuzia
dell'accogliere, quale non conosce la natura?
E non è ella insomma aperta a pericolo e
indifesa? Come può ella promettere, se a lei,
come umana, può essere riservata in ogni momento un'aridità del cuore, una calamità che
la consumi, una malattia che guasti la dol-
cezza del suo respiro e affievolisca in crepuscolo la luce dei suoi occhi? — Anch'io ho
sempre immaginato che questa doppia esistenza della donna dovrebbe rendersi sopportabile
grazie a un amore più puramente adempiuto
dall'uomo, il quale nel miglior caso è fatto
partecipe della realtà e dell'amore della sua
amata solo con un abbozzo di amore non ese-

guito. Con l'impeto della sua brama egli esalta nella giovinetta, che si raccoglie in stupore, — le forze della natura, per smentirle, lui il primo, subito dopo la conquista, lamentando l'umana inerme fragilità di quella creatura che ancora appunto pienamente lo supera. Qui si tradisce la profonda inerzia dell'amore maschile, che ha avuto respiro solo per un giorno di festa e capacità per l'immensurabile dono di una notte: no, anche per questo già non era più abbastanza operoso, da consumare in sé quel dono e trasformarlo senza residui, da creargli una segretezza valida a ricostituire quell'innocenza necessaria agli amanti, senza la quale non dovrebbero poter restare insieme; se così, misurato con la donna, l'amante sembra essere nel torto, un millantatore dell'amore, che non arriva a varcare i primi elementi della scienza d'amore, che eternamente con le prime lezioni pensa di poter eseguire l'intero poema, per cui l'innamorata gli prepara simbolo e ritmo, — non è egli d'altra parte commovente nel suo destino, questo passante, anzi ormai passato, — questo cieco, assalitore tempestoso, che vuol fare il periplo del mondo e non ha saputo nemmeno compiere il cammino intorno a un cuore?

Questo per una delle vostre sere. Strano: tali sere, di « insopportabile profondità » sono appunto forse quelle che uno di noi brama, benché non ne disconosca il pericolo: esse appunto dovrebbero incalzarlo d'istanze, più

intimamente, strappare al suo cuore di più, perché infine nessun altro scampo v'è da esse che la creazione. Da quanto tempo ormai lo sfavore di circostanze esteriori e interne non m'ha lasciato giungere a una di queste sere. Quale privilegio m'appare la vostra tranquilla, bella, vecchia casa. E come consola per un momento il mio destino di senza patria, che una sola mia lettera, come voi dite, potesse adempier all'attesa delle vostre stanze aperte come per una festa!

RAINER MARIA RILKE

Locarno (Ticino), Svizzera, 19 febbraio 1920

Questa, signora, non sarà quasi una lettera,
— solo un'ansiosa domanda della vostra sorte. La vostra lettera del 28 settembre chiude-
va alludendo a tante incertezze e mutamenti,
che io mi sento inclinato ad attribuire ad
ogni sorta di difficoltà la lunga assenza d'ogni
vostro cenno: sarebbe bene, se poteste ras-
sicurarmi.

Quanto al mio proprio silenzio, vi pregai
subito all'inizio di non trarne mai conclusioni di indifferenza o dimenticanza. Soffro lunghi periodi di aridità, in cui la penna mi fa
orrore, e anche in generale sono così sogget-
to alle variazioni e all'influsso di quanto mi
circonda che non potrei garantire regolarità
di alcun genere. Se un giorno dovessi trovare, cosa a cui aspiro infinitamente, il luogo
giusto e accogliente, in cui cooperassero tutti
gli elementi favorevoli al mio lavoro e raccoglimento, — certo migliorerei in questo
punto e diverrei più capace e puntuale. I
fatali accomodamenti provvisori, spesso come sospesi in aria, in cui m'ha scagliato la
guerra, sono ancora ben lontani dalla fine,
sembra, e io sono tuttavia *sur la branche, et*

85

c'est une branche plutôt sèche et très peu convenable qui me soutient. Appunto quando arrivò quella vostra ultima lettera, avevo già dovuto rinunciare al mio rifugio di Soglio, e così s'iniziò un'instabile esistenza d'albergo, che a me resta sempre così infeconda per ogni sorta di corrispondenza, parte perché gli alberghi, anche i così detti migliori, non offrono mai un luogo adatto per scrivere, o al più per commis voyageurs, parte perché allora ogni volta mi circondano tante relazioni personali e orali che mi prodigo tutto da quel lato. S'è aggiunto poi che sono stato per cinque settimane occupato in una specie di tournée, che mi condusse di città in città, per pubbliche letture —: circostanze, come potete pensare, ch'ebbero ad accrescere di molti gradi quella immediata comunicatività. Tutto questo vi racconto solo, non per aggravarvi con le mie cose personali — dimenticatele al più presto —, ma come un piccolo tentativo di scusa. Ché devo ammettere che presso di voi la mia parola poteva essere benvenuta appunto in giorni così oscillanti. Ma forse anche furono queste settimane così attive, così piene di decisione e azione che una lettera quasi non avrebbe potuto avervi effetto. Dove avrete trovato asilo col vostro piccolo figliolo? Io me lo chiedo sovente, specie intorno a Natale mi ritornava sempre questa domanda. L'ultima volta scrivevate di alunne, ma senza alludere al campo del vostro insegnamento. L'avete potuto riprendere nella

vostra nuova dimora, con successo, con gioia, s'è possibile? Quanto vi debba esser costato abbandonare la vecchia casa tranquilla, l'ho potuto misurare tanto bene io, così incalzato dalla mancanza di patria e di casa. Quanto diversi sarebbero stati per me questi terribili anni di guerra, mi fosse stato dato trascorrerli sotto la protezione di cose durevoli e benigne.

Le « domande » della vostra grande lettera, cara gentile signora, da quale rifarsi? Qui si tratta pur sempre del « tutto »; ma questo tutto, se anche talora intimamente l'abbracciamo in un impeto di felicità o di più puro volere, è nella realtà interrotto da tutti gli errori, sbagli, insufficienze, dalla malignità da uomo a uomo, dal torbido e dallo sgomento — quasi da tutto quello che quotidianamente ci tocca. È una tremenda supposizione che l'attimo d'amore, che noi sentiamo come un attimo così pienamente e profondamente proprio e particolare, possa venire così interamente determinato, oltre il singolo, dal futuro (il figlio futuro) e d'altra parte dal passato —; ma anche allora: gli rimarrebbe tuttavia la sua indescrivibile profondità come rifugio in quanto ci è più proprio. Ciò ch'io sarei vicinissimo a credere. Questo s'accorderebbe con l'esperienza di quanto l'incommensurabile esistenza d'ognuna delle nostre più profonde estasi si liberi dalla durata e dal decorso: sorgono esse veramente perpendicolari sopra le vie della vita, come anche

la morte le sovrasta a piombo, hanno esse molto più di comune con lei che con tutti gli scopi e moti della nostra vitalità. Solo dalla visuale della morte (se non la si considera come inerzia senza ormai scampo, ma si interpreti come la intensità che assolutamente ci supera) solo dall'angolo della morte, io credo, si può render giustizia all'amore. Ma anche qui ci attraversa ovunque sviandoci l'usuale intendimento di queste grandezze. Le nostre tradizioni non ci guidano più, rami secchi che non nutre più la forza della radice. E se s'aggiunge la distrazione, la svagatezza e l'impazienza dell'uomo, e che la donna dà profondamente e solo nelle rare circostanze della felicità, e accanto a esseri così divisi e scossi incalza già sempre il figlio, a superarli, pure a sua volta altrettanto sgomento, — sì, allora con modestia si ammette che vivere è molto difficile.
Continuiamo tra noi amichevolmente di volta in volta.

RAINER MARIA RILKE

Se piccoli fatti possono talora dimostrare più
che solenni assicurazioni, per la costanza della mia partecipazione potrebbe deporre questo particolare, che, appena giunta la vostra
lettera, ho aperto il mio quaderno d'indirizzi,
per segnarvi accuratamente la vostra nuova
dimora: posso garantirvi d'avere trascritto il
nome in bei caratteri, involontariamente, come infatti non risentire fin nella mano la
gioia di annotare il luogo di un'« esistenza
perfettamente placata »?
Prima volevo dire che la vostra bella lettera
non è facile a comprendere, — ma questo non
sarebbe preciso: è solo difficile dimostrare
questa comprensione: ché tutto quello che
ora voi dite dall'interno della vostra esperienza, è concesso a voi soltanto di assicurarlo, il
più cauto ratificatore già correrebbe pericolo
di fissarvi in qualche momento di una condizione indescrivibilmente mobile e così turbare la spontanea libertà, che a voi si prepara
misurando queste nuove circostanze in ogni
senso. Di fronte al solitario si può essere molto più precisi: le intuizioni d'un altro gli de-

89

limitano per così dire lo spazio, per cui altrimenti egli non riesce a conquistare un rapporto, ché non se ne offre misura; — ma per colui, che si sente preso in felici reazioni reciproche, lo spazio vitale è riempito di mille realtà e non si dovrebbe trattenere a una scoperta né preparare alla prossima. La sua attività è del tutto opposta a quella del solitario, è centrifuga, e la gravitazione che si attua in essa, incalcolabile.

Se così la mia vera comprensione non si può accomodare a esprimersi, temo però meno di interrompervi, lasciandovi riconoscere la singolare specie di gioia, che voi mi regalate con ogni parola delle vostre nuove esperienze. Ora doveva naturalmente giungere qualcosa, che vi accogliesse, ma poiché questo adempimento s'è avverato oltremodo generoso e in sé ricco, si dimostra che voi non solo n'eravate bisognosa, ma anche degna del più perfetto.

Ah, se avessi io allora, quando alla vostra solitudine s'aggiunse ancora opprimendovi la frana d'ogni consueto riparo, — avessi avuto in mio potere qualcosa della lusinga, che ora è così facile rivolgervi: raramente accade che un uomo si riconosca più profondamente e seriamente in una congiuntura che lo fa colmo e felice; ai più sembrano allora i risultati della loro precedente solitudine malinconici errori, si gettano negli abbagliamenti della felicità e dimenticano e rinnegano il contorno della loro intima realtà. Ma la *vostra* preparazione è stata più profonda, nulla voi ave-

te abbandonato di quanto avete in quella riconosciuto, anzi tutte le intuizioni del vostro cordoglio e isolamento appaiono ora veramente portate nel grande splendore d'irradiazione reciproca dell'accogliere e del dare, nel centro, — e solo così la vostra felicità riceve questa pura giustificazione, questa assicurazione, questa profonda immunità di pericoli (così che solo in essa vi siete potuta riconoscere come « cosa indistruttibile ») perché voi avete recato con voi forte e sincera nelle nuove chiarificazioni un corredo, che a molti sarebbe apparso troppo grave.

Accanto a questa grande gioia me ne derivano più altre laterali dalla vostra notizia. Come è compensato ora anche Michele della privazione temporanea del vecchio giardino, — e quanto consolante può essere ora per voi tutti seguire con opere di giardinaggio la stagione che vi precede in fretta.

Di me: io abito questo antico castelletto, Berg, tutto solo, il parco e la sua fontana davanti alle calme finestre; è questo ora finalmente il ritiro che io ho sperato da quando mi trovo in Isvizzera, per l'intima ripresa del lavoro: la quale però, anche in queste circostanze favorevolissime, è ben lunga e lenta!

RAINER MARIA RILKE

Voi avete stavolta recato un vostro contributo, estremamente caro, a dar ragione all'attesa involontariamente acuita del tempo natalizio: la vostra lettera è giunta a me la sera di Natale, e ciò che potrebbe costituire la sua proprietà più meravigliosa, che tutto quanto essa conteneva era così pari a tale singolare ora silenziosa, contribuiva ad essa così puramente: tutto quello che voi m'avete raccontato. Anzi, sapete voi dunque (mi chiedo spesso da allora) quanto sia questo, e presentite ora abbastanza che cosa significheranno più tardi (comunque si configuri la vita) questi anni operosi e di crescente familiarità nel meglio dell'umano e del terrestre? Ah, credetelo, è molto, è il più che possa venir dato, — questo rimaner curvo e legato in un tangibilissimo lavoro, insieme con la continua riprova di una amicizia amorosamente concorde; e insieme vi prospera e cresce il vostro bambino, a cui tanta crescita, nei suoi giochi, torna del più animoso esempio. E se questo non bastasse a persuadervi, vi confermi la purezza del vostro sguardo, la forza, la grazia, l'indi-

cibile giustezza della vostra disposizione: come poteste vivere la smisuratezza della città e subito accanto la misura e il freno del violino — e subito dopo l'immensità del mare: e tutto, come lo vivrebbe un angelo, se per uno spazio di tempo passasse attraverso l'umano! Io vi dico tutto questo così espressamente, perché comprendiate quanto la vostra è stata per me una lettera di Natale, — ché solo così, mostrandovi il riflesso della vostra esperienza in un profondo specchio, che l'esalta, posso rivelarmi abbastanza grato della vostra bella confidenza. Non chiamate « cosa troppo personale » ciò che voi m'avete recato. Solo un piccolo passo ancora, e sarebbe di nuovo la cosa più universale, definitivamente valida, il fondamentale della vita, l'impulso verso i suoi colori primordiali e infine di nuovo verso l'infinita luce, in cui essi tutti, inesauribilmente, si fondono.

Anche le piccole immagini non spingono affatto la lettera in un campo « troppo personale »; m'ha fatto tanto piacere venir guardato di là dentro da voi tutti, persino da molti dei vostri fiori, e sono anche stato ben cheto, che tutti mi potessero veder bene! Codesta campagna, con cui voi lottate, non vi avrà procacciato nella sua innocente resistenza, che poi cede fiorita, qualche cosa come il duello di Giacobbe!? Contemplando le piccole immagini si pensa ad ampie distese, in un territorio ancora radamente popolato — come mai s'è potuto trovare qualcosa di simile nel wei-

marese così relativamente folto? Ora voi, nel giro più quotidiano, provate l'essenza dei tre elementi finora vostri: del cielo, degli alberi e della terra arata, — le loro clausure e la potenza delle loro aperture; ma che a voi sia dato ora vivere, in grazia dello spazio interiore, anche la quarta dimensione del mare, non crea un equilibrio di esistenza quasi magistrale?

Ora vedete, non è vero?, quale gioia, quale commozione estremamente partecipe ha potuto destare la vostra lettera e, mentre la mia vi riflette questo senso nella coscienza, s'adatta forse discretamente a quel piccolo vestibolo, in qualche modo riservato, che sembra ogni volta configurarsi tra Natale e il mutamento dell'anno. Veder così vuol dire già augurare, non è vero? e io lascio per giunta arrampicarsi sul foglio della lettera uno di quegli « animalini della fortuna » rossi a punti neri, che svernano un po' trasognati nella mia stanza da lavoro...

Se vi devo dire qualcosa di me da ultimo: vedete l'indirizzo mutato. In maggio ho dovuto abbandonare l'ottimo Berg, che m'aveva offerto così amichevole protezione per un inverno; mi sono ritrovato un'altra volta di fronte all'assoluta incertezza, con molta angoscia, ché i lavori, per cui m'ero chiuso in Berg, erano appena avanzati di un mezzo passo. Così mi è scorsa tutta l'estate in una preoccupazione smarrita ed oppressa dell'inverno venturo, questo, che dovrebbe avverarmi condizioni in

tutto simili di calma, solitudine e difesa. Come trovarle, se (come voi dite) il «mondo brucia»! Per un certo tempo sembrò che dovessi abbandonare la Svizzera — cosa che m'avrebbe spalancato il terreno sotto i piedi ché, fuori, la domanda di un luogo dove consistere m'avrebbe richiesto illusioni veramente spettrali. Ormai quasi solo per concedermi un addio supremo, sono partito per il Vallese, questo grandioso Cantone (quasi non più svizzero come concetto), che un anno prima, quando lo scopersi, m'aveva rievocato per la prima volta l'aperto mondo perduto: tanto ricordava, il suo paesaggio potente e insieme indicibilmente gentile, la Provenza, anzi addirittura certi aspetti della Spagna... Qui, per il più strano caso, ho trovato un manoir non più stabilmente abitato da secoli, e da allora fu una lunga lotta per questa robusta antica torre, e infine con essa — che è terminata (ma non è molto) con qualcosa che pure si potrebbe chiamare vittoria, in quanto mi ci sono veramente tenuto dentro e annidato per l'inverno! Non è stata impresa agevole «domare» Muzot, e, senza il soccorso di un amico svizzero, tutta la conquista sarebbe arenata a difficoltà pratiche insormontabili. Voi vedete, la mia abitazione (naturalmente ci sto tutto solo con una domestica) non è più grande della vostra. La piccola immagine però non mostra pienamente lo stato attuale. La fotografia deve risalire a prima del 1900. In quel tempo mutò il proprietario, e il vecchio maniero fu sottopo-

sto a un restauro radicale che, per fortuna, non ha molto cambiato né guastato nulla; solo fu arrestata la crescente rovina. Un piccolo giardino vi fu aggiunto, che s'è aggruppato e consolidato intorno ai muri amabilmente. La mia più bella sorpresa fu trovare all'interno una delle stufe paesane in steatite del 1656, soffitti in legno della stessa epoca, e persino tavole, cassepanche e seggiole ben lavorate e bellamente stagionate, le quali anche tutte recano negl'intagli gloriose date del secolo decimosettimo. Questo sarebbe in ogni caso molto per un uomo che sa trapiantare in sé, come a me è riuscito fin dall'infanzia, così intensamente la sopravvivenza e tradizione delle cose; ma diventa poi la più generosa sovrabbondanza in grazia dei dintorni di questa ampia valle del Rodano, che, con i suoi colli, monti, rocche, cappelle, i suoi magnifici pioppi isolati, elevati al luogo giusto come punti esclamativi, i suoi sentieri gettati graziosamente intorno ai poggi ricchi di vigne col movimento di nastri di seta, richiama appunto quelle figure, su cui da bambini le prime volte si fu presi dalla vastità e apertura e dal gusto del mondo. Quanto bello s'adagerebbe (penso ora), quanto giustamente tutto questo nel vostro sguardo!
E così vi saluto.

RAINER MARIA RILKE

La vostra bella lettera, in cui risonava chiara
la voce del cuore, allora in aprile! Ma come
rimanevate lontana dalla sua facoltà d'esser-
mi vicino, esprimendo nella chiusa il desiderio ch'io l'accogliessi « amichevolmente »; per
appressarvi alla verità, avreste dovuto dire
« con gioia » e scriverlo in grandi caratteri.
Che buone notizie mi regalaste, non sapete
dunque pienamente quanto bene fa quello
che raccontate? Talora, forse, notate il tocco
sul puro duro metallo delle realtà, ma qui,
quando voi premete così sincero e fermo il ta-
sto, io sento il suono, il suono di campana ed
apprendo ciò che vale nello spazio, nella sua
ampiezza e libertà.
Il vostro intero faticoso e inesorabile inverno,
nella sua durezza, dev'essere stato una sorta
di gelida allegrezza, un blocco di puro forte
futuro, che ora s'è sciolto (auguro) fluendo,
scrosciando, in seno alla primavera. Ora i nostri giardini si salutano l'un l'altro! nel mio
(naturalmente io ho avuto poca parte al lavoro, perché a me mancano esercizio, esperienza
e piglio) io ho trapiantato più di cento rose,

99

la mia collaborazione con esse si limita al lavoro di annaffiarle ogni sera, — non è un esercizio che si lasci molto variare, importa solo la giusta misura, e pure forse — come da per tutto è la sfumatura che vale — se ci si applica a questa cura attenti e insieme meditativi, anche qui si lascia travasare e influire, modestamente, con l'acqua silenziosamente distribuita, qualcosa di proprio fin nell'intimo di una vegetazione infinitamente ricettiva.

Ciò che mi stupisce e occupa, è la vostra forte e sicura energia, con cui nelle più difficili circostanze, vi applicate tanto valorosamente alla vostra terra; a me manca la destrezza per questo e l'economia del trattamento, se talora mi ci provo, non è senza furia, e che contrasta più al giardinaggio che la fretta, la precipitazione? Ma dal lavoro spirituale passare a simile lavoro manuale, che gioia e freschezza sarebbe; come potrebbe imparare l'uno dall'altro a trar partito, s'avesse solo e qui e là métier, sicurezza, esperienza, contegno, in una parola: capacità. Io dovrò bene accontentarmi del mio giardinaggio *interiore* e di stare a guardare l'altro, guardarlo s'è possibile più profondamente, come guardo i vostri fiori e le vostre lettere (che germogliano gli uni e le altre nella stessa fede).

Il mio intimo giardinaggio è stato magnifico quest'inverno. La coscienza d'improvviso risanata della mia terra profondamente smossa m'ha prodotto una grande stagione dello spirito e una lunga mai più conosciuta forza di

irradiazione del cuore. I lavori a me sopratutto cari (cominciati nel 1912 in grandiosa
solitudine e quasi affatto interrotti dal 1914)
poterono essere ripresi — poterono, in un'infinita capacità, esser portati a termine. Accanto è sorto un piccolo lavoro, quasi involontariamente, un affluente, oltre cinquanta sonetti, chiamati i sonetti a Orfeo, e scritti quasi
monumento funebre in memoria di una fanciulla morta precocemente. (Sette n'ho ripor-
tati per voi in un fascicoletto, che vi accludo).
Fosse stata più ricca questa scelta, o vi potessi
sottoporre l'altro grande lavoro principale, —
notereste come in molti luoghi i risultati dei
nostri inverni si somigliano. Voi scrivete della
pienezza già colma in ogni momento, della sovrabbondanza della vita intima, di un possesso che (se si guarda giustamente) già in anti-
cipo supera e quasi confuta tutte le privazioni
e perdite possibili più tardi. Questo appunto
io ho provato in questo lungo inverno nella
profondità del mio lavoro, più, e più irrevo-
cabilmente, che finora non sapessi: che la vita ha già prevenuto di lunga mano ogni im-
poverimento posteriore con le sue ricchezze
che superano tutte le sue misure. — Che rimarrebbe dunque da temere? — Solo di poterlo dimenticare! Ma intorno, dentro di noi,
quanti aiuti al ricordo!

RAINER MARIA RILKE

101

Le stesse angosce e indicibili precipitazioni che vi fanno tanto soffrire riducono me più e più muto; quante volte mi sono proposto, cara amica; di rispondere alla vostra penultima agitata lettera, e l'ho rimandato a un'ora migliore e più felice: che poteste sentire interamente com'essa era accolta (col suo grande *quadrifoglio*) da me, nel cuore. Ma la mia estate e più l'autunno furono afflitti da incertezze, e se ora tento, solitario nella mia vecchia torre, di venirmi plasmando quest'inverno a somiglianza del precedente così buono, anche questo comporta fatica, parte perché la salute è più incostante, parte appunto per quelle indiscrete perturbazioni, che la situazione generale di nuovo corriva al peggio comunica (appunto come accadde durante la guerra) a quanto si voglia intraprendere. Su questo punto, posso appropriarmi per il mio caso di più d'una frase che voi scrivete letteralmente; questa: « Il giorno già metà dei miei pensieri non appartiene più a me e le notti son piene di visioni febbrili... ». Questa e altre... Ché io mi ritrovo nello stesso stato. Che

103

accade? E che siamo *noi* in questo accadere? È ancora sempre come durante la guerra qualcosa che ci penetra e turba e pure quasi non ci riguarda, un'estranea calamità, in cui si viene coinvolti: — non sembra sovente che quasi ci si potrebbe in un fiato sollevare al di sopra e oltre di tutto questo? Sovente anche, come camminando per prati estivi si sfiora un umile cespo, e un odore si libera e ci risponde, si giunge a qualche inappariscente conforto nell'animo, che subito si comunica quasi da sovrabbondanze trattenute... La vostra lettera stessa è piena di tali sorprese, piena di questi puri aromi del cuore, che impara a conoscere solo colui, che ha attraversato una compiuta povertà.

Per me — per quanto io vedo tutto questo e lo devo, secondo la mia natura e situazione, sopportare — non c'è alcun dubbio che sia la Germania, in quanto non si riconosce, a tener sospeso il mondo. La molteplice composizione e l'ampia educazione del mio sangue mi consente una singolare distanza, da veder questo. La Germania avrebbe potuto, nell'anno 1918, nel momento della rovina, svergognare e scuotere tutti, il mondo, con un atto di profonda sincerità e conversione. Con una visibile, decisa rinuncia alla sua prosperità sviluppata su vie torte, — in una parola: con quella umiltà, che sarebbe stata così infinitamente propria al *suo* essere e un elemento della sua dignità e avrebbe prevenuto tutta l'estranea umiliazione che le si potesse dettare. Allora — così io

sperai un momento — doveva venir riportato nel volto tedesco così stranamente irrigidito su un solo lato e una sola volontà il lineamento perduto di quella umiltà che ci parla tanto costruttiva nei disegni di Dürer! Forse c'erano alcuni pochi uomini, a sentir questo, i cui desideri, la cui fiducia erano indirizzati verso una simile correzione, — ora comincia a dimostrarsi e già a vendicarsi, che *non* sia accaduta. Qualcosa è mancato, che avrebbe tutto ordinato nella misura; la Germania ha evitato di dare la sua più pura, migliore misura, ricostituita sulla sua più antica base, — non si è essa rinnovata e mutato consiglio dal fondo, non s'è creata quella dignità che ha la sua radice nella più intima umiltà, s'è solo preoccupata di salvarsi in un senso superficiale, affrettato, diffidente e avido, ha voluto fare, emergere e scampare, invece di sopportare, superare e star pronta per il suo miracolo, secondo la sua più segreta natura. Volle ostinarsi, invece di trasformarsi. E così ora si sente: ...qualcosa è mancato. Un dato manca, in cui ci si sarebbe potuti sostenere. Un piolo manca nella scala, di qui l'indicibile preoccupazione, l'angoscia, il « presentimento di una improvvisa e violenta caduta »... Che fare? Teniamoci noi ognuno sulla nostra piccola isola di vita *ancora* tranquilla, *ancora* fida, compiendo su di essa, soffrendo e sentendo quanto a noi tocca. La mia non è a me più stabile e garantita che a voi la vostra, — io sono ospite, dove voi siete affittuaria; ma veramente vi si recide

105

in autunno il vostro termine, dopo che voi gli avete destato e sviluppato, al proprietario, la sua terra con cure triennali? Non esiste *alcuna* possibilità di persuaderlo a migliore avviso? Imagino quanto infinitamente difficile sia ora trovare un altro luogo simile; andare in Argentina non corrisponderebbe molto alla vostra disposizione e al vostro bisogno di legame con una terra più confidente, in qualche modo consapevole, — inoltre anche laggiù le condizioni non sono più come un tempo, favorevoli al coraggio e alle forze. Ma pure quale risultato, quale pieno grande frutto, se riguardate gli anni di Weimar! Tanto certo è questo guadagno che, se non aveste pensato voi nel corso della terza pagina della vostra lettera a tirar la riga e formarne allusivamente la somma, ne avrei io nella lettura districata la buona sana pienezza dalle vostre righe, per quanto ansiose, come da spalliere.

Questo mi fa, ancora e sempre, sperare per voi il bene, che io vi auguro e che voi siete divenuta così profondamente capace d'amare.

RAINER MARIA RILKE

RESIRSCENEA.

Château de Muzot sur Sierre (Valais),
27 gennaio 1924 (domenica)

Così abbiamo ognuno guardato con ansia il
silenzio dell'altro! Il mio primo gesto fu di
girare la vostra lettera — e come riconobbi il
vecchio indirizzo, quasi già credevo che una
parte della mia preoccupazione fosse stata su-
perflua. E non lo era! Anzi, il vostro foglio
mi mostra quanto difficile sia divenuto per voi
tutto. Io non posso ritrovarmici subito, che
sia come voi dite, ma non è la comprensione
che mi sfugge, io comprendo il vostro sgomento, la vostra stanchezza, quella profonda e pura delusione della vostra natura, di non essere circondata, ora, dopo tanto reale lavoro,
da qualche cosa di raggiunto. Più che non
possa dire, ho con voi creduto che si dovesse
compensare, tale onesta lotta per la terra... anzi, se mi scruto a fondo, la mia fiducia non è
ancora perduta... Non è possibile un momento di resipiscenza? Voi scrivete di disegni pre-
cipitosi. Non se ne sono fatti già troppi, non
ce n'è uno che resti ancora da esaminare, uno
più vicino, prima di questa grande partenza?
Lo stato d'animo in cui voi mi parlate, non
è quello in cui si possano prendere grandi de-

107

cisioni. Tentate tutto, io vi consiglierei, per non decidere ancora nulla. Se tutto deve ricominciare da capo, come se nulla sia raggiunto, dovreste senz'altro intercalarvi una vacanza, un respiro, una pausa per quanto esigua di calma in mezzo alle urgenti necessità. E un tale ricominciamento su nuova zolla: deve realmente avvenire in una nuova parte del mondo, non s'è potuto trovare un pezzo di terra, che vi sia dato rimanere in Germania? Ma com'è ozioso naturalmente far di qui tale domanda, poi che voi assicurate ch'è inevitabile. Solo, come voi tuttavia usate la parola « precipitoso », come potrebbe l'amico non ricordarvi che in tale curva la furia conduce al danno? Ah, e come non dovrebbe egli comprendervi nel suo animo, quando dite di meritare ora « calma e sicurezza »... Sembra esistano paesi in cui non sia più possibile risparmiare — nella ressa di tutti — questi influssi. Ogni volta di nuovo si dimostra per ognuno di noi che non si avvera quello, che in un mondo meno turbato altrimenti si sarebbe « ingranato », a ristabilire l'equilibrio per qualche situazione interiore; manca l'« ingranamento », quel giro per cui in altri tempi ci veniva risposto, quando eravamo giunti al termine d'una fatica, il « gioco » manca, il meravigliosamente innocente gioco delle circostanze, che offriva possibilità, svolte, determinazioni, dove noi involontariamente eravamo loro venuti incontro..., la tranquilla risposta da parte del destino, che altra volta giun-

geva appena era cresciuta in noi una vera domanda (di cui sovente noi quasi non sapevamo!). Io vedo alcuni uomini oggi all'estremo, perché è mancato il loro naturale compenso. Gl'inquieti per avidità o disperazione sono i soli che non si meraviglino di non venire interrotti nella loro importuna spinta; non conoscono un intimo arrivo. Io sono in questo momento tutto con voi, tento di comprendere quello che dovete attraversare, non m'è difficile essere nel vostro cuore. Ma io non ho consiglio! Io noto che vi accade ingiustizia, ma dalla guerra l'ingiustizia s'è fatta singolarmente indiscreta e non se ne ha riparo se non nell'ultima stabilità interiore. E ivi siete anche voi divenuta più forte, nel lavoro di questi anni, più inattaccabile e sicura. Che ora non ve ne possiate subito accertare, non vi deve smarrire. La stanchezza, la delusione, la perpetua inquietudine vi toglie di disporre di voi stessa e così anche vi sembra di allontanarvi da ogni cosa fida.

Io fui sempre trattenuto, pensate, dal mandarvi le Elegie... temevo foste troppo frastornata e non fosse questo il tempo di proporvi una grande e sovente difficile lettura. E anche io stesso ero disturbato da un malessere che sempre ricominciava, e recentemente s'è fatto così noioso che mi son posto (come già in estate) sotto l'osservazione di un medico, terminata appena una settimana fa. Da ventitré anni, in quanti mai paesi e situazioni, mi son sempre liberato da solo dei disturbi del mio corpo,

e il mio legame con esso è insomma così preciso che ora sembra quasi che il medico debba venire intruso nell'abituale commessura della nostra unità come un cuneo. Un intruso soccorritore! Tuttavia, son capitato bene da un soccorritore, a cui ho presto potuto parlare come a un amico; ci siamo accordati a escludere per quanto possibile tutti i medicamenti e solo sorreggere lievemente la natura, che in me s'è dimostrata per decenni ben disposta, in quelle oscillazioni per cui essa tenta palesemente di giungere a un nuovo equilibrio. Io non ho mai tracciato precisi confini tra corpo e spirito e anima: l'uno serviva e operava nell'altro, e ognuno m'è stato mirabile e prezioso... Così che nulla mi sarebbe più nuovo ed estraneo che opporre, come superiore, a un corpo cedevole e malazzato un principio spirituale. L'avversione e incapacità a tali trattamenti comporta che su di me i disturbi fisici influiscano più che su altri: poi che tutto quello che mi sia mai riuscito, anzi ogni intuizione, sorgeva da una comune allegrezza di tutti i miei elementi, dalla loro armonia.

Basta; io parlo malvolentieri di tutto questo e quasi non sopporterei d'aver qualcuno intorno a me, malato, un desiderio tutto animale di acquattarmi e nascondermi determina allora tutti i miei movimenti. Qui oggi, mi sono invece (per eccezione) lasciato andare, perché ogni accenno più breve, solo allusivo, avrebbe distrutto il senso della mia vicinanza,

che io desidererei tanto comunicarvi in questi fogli.

E vorrei annotaste per me tutto quello che nel decorso di questi giorni incalzanti vi si possa affollare di pensieri, desideri e apprensioni; non ch'io possa promettere sempre di rispondere. (Potete imaginare quali lacune siano cresciute nel mio lavoro e nella mia corrispondenza, durante la mia assenza o la forzata inerzia). Ma sarei almeno informato e quanto meglio lo sono, tanto più essenziale e intima potrebbe riuscire la mia parola, quando poi, in certi intervalli, vi raggiunga di nuovo.

RAINER MARIA RILKE

Château de Muzot sur Sierre (Valais),
11 febbraio 1924

Sì, anche per me è stata una sorpresa veder
giungere — dopo la vostra penultima — questa
nuova lettera, che cattura come in piccoli al-
legri specchietti le luci che frattanto sono
spuntate! Ed esse mi sembrano veramente in-
trodotte nel nuovo firmamento così che non
penso ormai quasi più ad affannarmi per il loro cammino e una loro più alta ascesa nella
chiarità; ma bene penso ogni giorno a voi, che
rimaniate veramente sotto quell'influsso e capace di seguire fedelmente i cenni del nuovo
cielo. E del resto, non pensate d'essere troppo
cedevole se vi sentite così mutabilmente pronta ad assumere la figura di un destino, a fluire
nella forma d'improvviso aperta di un futuro
definito. Non sentite voi sempre più dietro le
estreme possibilità di questa obbedienza la *costante* della sommissione cordiale, a un tempo
timida e ardita? E che vuol dire vivere se non
appunto questo ardimento di riempire una
forma, che poi un giorno ci viene infranta dalle nuove spalle, perché si entri in dimestichez-
za, liberi nella nuova metamorfosi, con ogni

113

essere rapito per incantesimo nello stesso regno?

Così, come voi stavate — dopo tanto lavoro schietto e valido — umile e pure insieme in una pura attesa di essere in qualche modo riconosciuta, nulla — io penso — di *errato* vi avrebbe potuto parlare o toccare...; la voce che ha chiamato merita certo fiducia, merita il vostro grande ascolto, merita gioia.

RAINER MARIA RILKE

SU DIO

Ci si può, L. H., riattaccare da tante parti alla
vostra lettera, quasi ogni frase provoca dieci
lettere — non che si abbiano a ogni domanda
(e che cosa non è ivi domanda?) risposte da
opporre, no, ma sono ben codeste le domande
che sempre di nuovo sono state ricoperte di
domande o (nel miglior caso) si sono offerte
più trasparenti sotto l'influsso di altre domande che avevano in sé la propria luce; son codeste le grandi dinastie di domande — chi ha
mai saputo rispondere? Ciò che nel *Malte
Laurids Brigge* (scusate se torno ancora a nominare questo libro, poi che appunto esso ha
dato occasione a questo scambio fra noi) —
quanto nel Malte sta scritto, no, sofferto, è
veramente solo *questo*, ripetuto e sempre da
capo ripreso con tutti i mezzi e in tutti gli
argomenti, *questo*: Com'è possibile vivere,
se non possiamo affatto penetrare gli elementi di questa vita? Se perpetuamente siamo
insufficienti nell'amare, nel decidere incerti e
incapaci di fronte alla morte, come è possibile esistere? Io non sono riuscito a esprimere,
in quel libro steso sotto il più profondo intimo dettame, tutto il mio stupore che gli uo-

117

mini da millenni abbiano consuetudine con la vita e la morte (e non parliamo di Dio) e stiano ancora oggi (e per quanto tempo ancora?) di fronte a questi primi, più immediati, anzi precisamente unici compiti (che altro mai abbiamo a fare?) così sprovvisti, come novellini, tra sgomento ed elusione, così miserabili. Non è incomprensibile? La mia meraviglia di questa realtà mi incalza, ogni qualvolta mi ci abbandoni, anzitutto nella più grande costernazione e poi in una sorta di orrore; ma anche dietro l'orrore c'è altro e altro ancora, qualcosa di tanto intenso che non saprei in me risolvere se sia ardente o di ghiaccio. Ho già tentato una volta, anni fa, di scrivere sul Malte a taluno, che questo libro aveva sbigottito, come io medesimo talora lo sentissi quasi una forma cava, una negativa, di cui tutte le rientranze e profondità siano dolore, sconforto e angosciosissima visione; ma il getto, se mai si potesse trarre (come in un bronzo la figura positiva che se ne ricava) sarebbe forse felicità, consenso; — perfetta e certissima beatitudine. Chi sa, io mi chiedo, se noi non emergiamo sempre per così dire alle spalle degli dèi, e nulla ci separi dal sublime loro volto raggiante se non loro stessi, vicinissimi noi all'espressione agognata, solo trattenuti appunto dietro di essa; ma che altro vuol questo significare se non che il nostro volto e il viso divino guardano nella medesima direzione, concordi; e come dovremmo quindi, dallo spazio

118

che Iddio ha innanzi a sé, muovergli noi incontro?

Vi confonde che io dica Dio e dèi e mi serva di queste istituzioni (come dello spettro) per amor d'interezza credendo che anche voi dobbiate subito legare a questi nomi un oggetto? Ma prendete il Sovrasensibile. Intendiamoci che l'uomo fin dai suoi primissimi inizi ha figurato dèi, in cui qua e là solo la morte e la minaccia, la distruzione e la paura, la violenza, la collera, l'ossessione sovrapersonale, erano contenute, quasi ingroppate in un folto intrico maligno: l'estraneo, se volete, ma in tale estraneo in qualche modo implicita già l'ammissione che lo si scorgeva, sopportava, anzi riconosceva, per una certa, misteriosa affinità e complicità: *si era anche questo*, solo lì per lì non si sapeva come servirsi di questo lato della propria esperienza; troppo grandi erano quelle forze, troppo pericolose, troppo molteplici, crescevano oltre la nostra misura a un eccesso di significazione; era impossibile, accanto alle molte richieste dell'esistenza ordinata sul bisogno e l'attuazione, portar sempre con sé anche tali immani e inafferrabili «contorni», e così si convenne di sceverarli di quando in quando. Ma come erano eccesso, sovrabbondanza, l'elemento più forte, anzi troppo forte, la violenza, l'incomprensibile, sovente l'enorme — come non dovevano, raccolti in un luogo, esercitare influsso, effetto, potenza, trionfo? E dall'esterno ora. Non si potrebbe trattare la storia di Dio come parte per così

dire mai varcata dell'animo umano, sempre riservata, e infine perduta, per la quale un tempo c'era decisione e fermezza e che là, dove s'era ricacciata, a poco a poco crebbe a una tensione contro cui l'impulso del singolo cuore, sempre di nuovo distratto e meschinamente sprecato, non entra quasi più in questione? Vedete, e non altrimenti accadde della morte. Esperimentata e pure nella sua realtà a noi inesperimentabile, sempre ricrescente sopra di noi e pure da noi mai veramente ammessa, anche la morte, che umilia e supera il senso della vita fin dall'inizio, fu bandita perché non c'interrompesse costantemente nell'opera di ritrovare quel senso, fu ricacciata fuori, essa che ci è verosimilmente così vicina che noi non possiamo stabilire in noi la distanza tra essa e l'intimo centro vitale, divenne una cosa esteriore, quotidianamente sempre più allontanata, che in qualche luogo nel vuoto spiava, per sopraffare questo e quello d'improvviso malignamente trascelto; e più e più le si contrastava il sospetto che fosse la contraddizione, essa, l'avversario, l'invisibile opposto nell'aria, essa in cui le nostre gioie trapassano, il pericoloso bicchiere della nostra felicità, da cui noi possiamo ogni attimo traboccare.
Dio e la morte erano dunque fuori, erano l'Altra cosa, e l'una era la nostra vita, che ora pareva a prezzo di questa separazione farsi umana, confidente, possibile, eseguibile, in un chiuso senso la nostra. Ma come in tale corso, diciamo, per principianti della vita, in questo

avviamento alla vita, erano ancora sempre innumerevoli le cose da ordinare e comprendere né sempre si potevano porre severe distinzioni tra i grandi compiti assolti e quelli — solo provvisoriamente — saltati, non risultava, anche in tale forma limitata, alcun progresso vero e sicuro, ma si viveva come capitava, di reali apporti e somme sbagliate, e da ogni risultato doveva balzare infine di nuovo come errore iniziale appunto quella condizione, sulla cui premessa si elevava tutto quel tentativo di esistenza; mentre infatti da ogni significato preso in uso parevano sottratti Dio e la morte (come cosa non attuale, di qui, ma successiva, altra e d'altri luoghi), si accelerava sempre più il ciclo minore del solo attuale; il così detto progresso apparì evento di un mondo in sé chiuso e dimentico che, in qualunque maniera si atteggiasse, era superato a priori dalla morte e da Dio. Ora sarebbe almeno conseguita una sorta di coscienza, se si fosse stati in grado di tener lontani da noi nel dominio spirituale Dio e la morte come nude idee: ma la natura nulla sapeva di questa rimozione in certo modo a noi riuscita — se un albero fiorisce, fiorisce la morte in esso come la vita, e il campo è pieno di morte, che dal suo volto supino germoglia una ricca espressione di vita, e gli animali trapassano pazienti dall'una all'altra — e intorno a noi dovunque la morte è ancora di casa e dalle fessure delle cose ci guarda, e un chiodo arrugginito, che

121

sporge in qualche luogo da un asse, giorno e notte non fa che rallegrarsi di lei.

E anche l'amore, che scompiglia i numeri fra gli uomini per introdurre un gioco di vicinanze e lontananze in cui noi ci mostriamo sempre così vasti come l'universo fosse colmo e in nessun luogo spazio che in noi — anche l'amore non rispetta le nostre spartizioni, ma ci trascina, tremanti, in un'infinita coscienza del Tutto, — gli amanti non vivono della separata attualità; quasi che mai fosse avvenuta una divisione, intaccano essi l'enorme possesso dei loro cuori; si può dire di loro che Dio è fatto loro nutrimento né la morte li offende: *ché pieni sono essi di morte, perché son pieni di vita.* Ma di tale esperienza non abbiamo a parlare noi qui, è essa un mistero, e non si chiude, non pretende occultarsi, è il mistero sicuro di se stesso, aperto come un tempio i cui aditi si gloriano d'essere aditi, tra enormi colonne che cantano d'essere il portale.

Ma (e solo qui torno alla vostra lettera) come ci prepariamo noi veramente all'esperienza, la quale a un certo momento ci afferra, nelle relazioni umane, nel lavoro, nel dolore e per la quale non ci è dato d'essere approssimativi, perché precisa è essa medesima, — tanto precisa che noi possiamo incontrarci solo in opposizione, — mai un caso; voi stessa vi siete scoperte più vie di imparare e si sente che voi le avete percorse attenta e meditativa. Così anche i turbamenti, di cui scrivete, vi hanno

rimescolandovi più raccolta in voi stessa e non sepolta fra macerie — io vorrei sostenere per quanto m'è dato le vostre meditazioni sulla morte, così dal lato biologico (mentre vi segnalo Wilhelm Fliess e le sue singolarissime ricerche: di lui vi manderò un opuscolo nei prossimi giorni), come anche richiamando la vostra attenzione su alcuni uomini insigni, che hanno saputo in maniera più pura, calma e grandiosa pensare alla morte. Uno anzitutto: Tolstoj.

C'è di lui un racconto che s'intitola *La morte di Ivan Il'ič*; anzi la sera che ricevetti la vostra lettera sentii fortissimo l'impulso a rileggere quelle pagine straordinarie. — Lo feci, e, pensando a voi, quasi vi lessi ad alta voce a voi stessa. Quella narrazione si trova nel settimo volume dell'edizione completa in corso di stampa presso Eugen Diederichs, insieme con « Camminate finché avete luce » e « Padrone e servitore ». Vi è accessibile il volume? Desidererei che molto di Tolstoj vi potesse venire alle mani, i due volumi di Gradi di vita, i Cosacchi, Polikuška, Tre morti. La sua enorme esperienza della natura (non so forse di altro uomo così appassionatamente calato nella natura) lo metteva mirabilmente in grado di pensare e scrivere dal centro del Tutto, da un senso della vita così impregnato della morte divisa in parti sottilissime, che sembrava contenuta dovunque; quasi droga specifica nel forte sapore della vita, — ma appunto perciò poteva quell'uomo trasalire così profondamen-

123

te, sfrenatamente, se avvertiva in qualche luogo la pura morte, la fiala piena di morte o quella abominevole tazza dall'ansa sbreccata e l'assurda scritta « Fede Speranza Carità » da cui altri era costretto a bere amarezza di morte non diluita. Quest'uomo ha osservato in sé e in altri molte maniere di angoscia della morte, ché anche osservare la sua propria paura gli era dato dalla sua naturale complessione, e la sua relazione con la morte sarà stata sino alla fine una grandiosa angoscia penetrata, una « fuga » di angoscia per così dire, un gigantesco edificio, una torre di angoscia con corridoi e scale e sporti senza ringhiere e precipizi da tutti i lati; solo, la forza con cui egli sentiva e ammetteva ancora lo sfarzo della sua angoscia, nell'ultimo momento, chi sa, si tramutò in realtà inavvicinabile, fu d'improvviso il fermo pavimento di quella torre, il paesaggio e il cielo e il vento e un volo d'uccelli intorno a essa.

In una riunione giovedì scorso ci sono state
lette vostre poesie, signor V., non posso a meno, non so altra via che annotare per voi ciò
che mi occupa, quanto mi sia appunto possibile.

Il giorno dopo quella pubblica lettura io ca-
pitai per caso in un'associazione cristiana, e
forse è stato appunto quell'urto a provocare
l'accensione che risolve tale impeto in movimento, così che io v'investo con tutte le mie
forze. È un'enorme violenza cominciare qualche cosa. Io non so *cominciare*. Io salto semplicemente quello che dovrebbe essere il principio. Nulla è forte come il silenzio. Se non
venissimo già con la nascita scagliati ognuno
in mezzo alle parole, mai si rompeva il silenzio.

Signor V., io non parlo della sera in cui sen-
timmo le vostre poesie. Parlo dell'altra. Mi
preme dire: chi è — in altra maniera non posso ora esprimermi — *chi* è dunque questo Cristo, che s'immischia in ogni cosa? — Che nulla ha saputo di noi né del nostro lavoro né
della nostra miseria, nulla della nostra gioia,
quali oggi noi li adempiamo, sopportiamo e

125

rechiamo a fioritura — e pure, sembra, desidera perpetuamente da capo d'essere *il primo* nella nostra vita. O solo altri gli pone in bocca questa esigenza? Che vuole egli da noi? Vuole aiutarci, si dice. Bene, ma si colloca al nostro fianco, del tutto sprovvisto. Le circostanze della sua vita erano così diverse. O veramente non hanno alcun peso le circostanze, — quando egli entrasse qui, da me, nella mia stanza, o là in fabbrica, d'un tratto sarebbe subito tutto mutato in bene? Balzerebbe d'un tratto in me il mio cuore, e seguirebbe — per così dire — il suo cammino in un altro piano e sempre incontro a lui? Il mio sentimento mi dice ch'egli *non può* venire; che sarebbe assurdo. Il nostro mondo è non solo esteriormente altro, — non ha alcun ingresso per lui. Egli non *apparirebbe* traverso un abito comprato fatto, non trasparirebbe. Non è un caso ch'egli andasse attorno in una veste senza cuciture, e io credo che il nocciolo luminoso in lui, ciò che lo rendeva così splendente, giorno e notte, sia ormai da gran tempo disciolto e spartito diversamente. Ma questo sarebbe anche, mi sembra, s'egli fu così grande, il minimo che noi possiamo richiedere da lui, ch'egli sia scomparso in certo modo senza residui, senz'alcun residuo — senza traccia.

Io non mi posso raffigurare che dovesse rimanere la croce, ch'era insomma soltanto un crocevia. Non doveva certo venirci impressa da per tutto come un marchio di fuoco. In lui stesso doveva esser dissolta. Ché, non è *così?*,

egli voleva semplicemente creare l'albero più alto, in cui noi potessimo meglio maturare. Egli, sulla croce, è questo nuovo albero in Dio, e noi dovremmo esserne i caldi frutti felici, là in alto.

Ora non si deve sempre parlare di quello che era *prima*; ma sarebbe ormai dovuto cominciare appunto il *poi*. Quell'albero, mi sembra, dovrebbe essere così divenuto una cosa con noi, o noi con quello, *in* quello, che non fossimo più costretti a occuparcene, ma semplicemente — in pace — di Dio, in cui era pure il suo intento di reggerci più puri.

Se dico Dio, è una grande persuasione dentro di me, non appresa mai con l'insegnamento. L'intero creato mi sembra dire questa parola, senza riflettere, se anche spesso dal mezzo di una profonda meditazione. Se questo Cristo ci ha aiutato a pronunciarla con voce più chiara, in maniera più piena e valida, tanto meglio, ma non tiratelo ormai più in gioco. Non ricacciateci più nella fatica e turbamento che a lui è costato, come voi dite, « redimerci ». Fate che finalmente per noi s'inizi questo stato di redenzione. Se no, sarebbe ancora meglio in questo l'Antico Testamento, ch'è pieno di indici puntati su Dio, dovunque lo si apra, e là uno, appena s'aggrava, cade direttamente nel centro di Dio. E una volta ho tentato di leggere il Corano, non sono andato molto avanti, ma questo ho capito, che anche là c'è un altro indice così potente, e Dio ne sta alla meta, compreso nel suo eterno sorgere, in un

Oriente che non finisce mai. La volontà di Cristo era certamente la stessa. Indicare. Ma qui gli uomini son stati come i cani, che non comprendono il cenno di alcun dito, e credono di dover agguantare la mano. Invece di proseguire oltre il crocevia, dov'era innalzato ormai un indicatore nella notte del sacrificio, la cristianità s'è accampata là sotto sostenendo di abitare ivi in Cristo, benché in esso non ci fosse alcuno spazio, neanche per sua madre, né per Maria Maddalena, come in ogni indicatore, ch'è un gesto e non un soggiorno. E perciò non abitano neppure essi in Cristo, gli ostinati del cuore, che costantemente lo rimettono in piedi e vivono dell'erezione delle croci oblique o interamente rovesciate dal vento...

Essi hanno sulla coscienza questa calca, questo arresto su un luogo troppo affollato, è colpa loro se il pellegrinaggio non procede oltre, nella direzione dei bracci della croce. Essi hanno fatto un mestiere del cristianesimo, un'occupazione borghese, sur place, uno stagno che alternamente si vuota e si riempie. Tutto quello ch'essi fanno, secondo la loro irreprimibile natura (per quanto essi ancora sono vivi) sta in contrasto con questa singolare disposizione e così intorbidano le loro stesse acque e devono rinnovarle senza posa. Essi non hanno tregua nel loro zelo di calunniare e svalutare le cose di qui, per cui noi dovremmo invece aver gusto e fiducia — e così abbandonano la terra sempre più a quelli, che si trovan disposti a ricavare da essa, fallita e sospetta,

inetta a qualcosa di meglio, almeno un profit-
to temporale, di rapida utilità. Questa crescente rapina della vita non è un effetto della
svalutazione del terrestre continuata per secoli? Che delirio, deviarci verso un al di là, dove
noi qui siamo assiepati di compiti e aspetta-
zioni e futuri! Che truffa, sottrarre imagini
di delizie di qui, per venderle alle nostre spalle al cielo! Oh sarebbe gran tempo ormai che
la terra impoverita ritirasse tutti quei presti-
ti, che si son fatti sulla sua beatitudine, per
ornarne una presunta eredità. Diventa la morte veramente più trasparente per queste fonti
luminose che si trascinano dietro di lei? E non
viene invece quanto si spianta di qui, poiché
non si può reggere il vuoto, non viene sosti-
tuito con un inganno, — non sono forse per
questo le città riempite di tanta brutta luce e
frastuono artificiale, perché si è consegnato lo
splendore genuino nell'inno a una Gerusalem-
me di cui si dovrebbe più tardi entrare in possesso? Cristo può aver avuto ragione a parlar
male delle cose terrene, in un tempo pieno di
dèi appassiti e sfogliati, quantunque (non posso pensare altrimenti) sbocchi in un'umiliazione di Dio il non vedere in quanto ci è qui
concesso un tesoro che, solo rettamente usato,
ci può riempire perfettamente di felicità fino
all'orlo dei nostri sensi! Il giusto uso, questo
importa. Prendere in mano le cose terrestri
giustamente, pieni di cordiale amore, di meraviglia, come cose nostre, passeggere, uniche:
questo è anche, per dirla usualmente, il gran-

de avvertimento sul modo di usare Dio, questo intendeva descrivere il santo Francesco d'Assisi nel suo Cantico al Sole, che all'ora della morte per lui fu più magnifico della croce, la quale s'ergeva là solo per indicare la direzione del sole. Ma ciò che si chiama la Chiesa era frattanto gonfiata in un tale tumulto di voci che il canto del morente, dovunque soffocato dal rumore, fu raccolto solo da alcuni pochi semplici monaci e infinitamente confermato dal paesaggio della sua valle ridente. E quante volte devono essere stati fatti simili tentativi di ristabilire la conciliazione tra quel rifiuto cristiano e l'amicizia e la serenità manifesta della terra! Ma anche altrove, nel seno della Chiesa, anzi nella sua stessa corona, il terrestre s'è conquistato la sua pienezza e la sua innata abbondanza. Perché non si esalta che la Chiesa fu abbastanza robusta da non sfasciarsi sotto il peso vitale di certi papi, il cui trono era aggravato da bastardi, cortigiani e assassinii? Non era in essi più cristianesimo che negli aridi ristabilitori degli Evangeli, — cristianesimo vivente, irrefrenabile, trasformato? Noi non sappiamo, voglio dire, che cosa sarà dei grandi insegnamenti; solo bisogna lasciarli fluire e fare e non sgomentarsi se d'improvviso precipitano nella frastagliata natura della vita e si rotolano sotto la terra in alvei inconoscibili.

Una volta io ho lavorato per qualche mese a Marsiglia. Fu per me un tempo singolare, cui io debbo molto. Il caso mi portò a contatto

con un giovane pittore, ch'è rimasto mio amico fino alla sua morte. Soffriva di polmoni ed
era appunto allora tornato da Tunisi. Eravamo sovente insieme, e come la fine del mio impiego coincideva col suo ritorno a Parigi, po-
temmo combinare di trascorrere alcuni giorni
in Avignone. Quel soggiorno mi è rimasto indimenticabile. In parte per la città stessa, i
suoi edifici e dintorni, ma anche perché il mio
amico in quei giorni di convivenza ininterrotta e in qualche modo intensificata si apriva
con me su molte cose, specialmente della sua
vita interiore, con quella eloquenza ch'è propria — sembra — in certi momenti a tali ma-
lati. Tutto quello ch'egli diceva aveva una
strana potenza profetica; attraverso tutto quello che precipitava in conversazioni spesso a
perdifiato, si vedeva in certo modo il fondo,
le pietre sul fondo... con questo intendo qualcosa di più che solo nostro, la natura stessa,
i suoi elementi più antichi e più duri, che pure noi sfioriamo in tanti luoghi e da cui pro-
babilmente dipendiamo nei momenti più in-
calzati, mentre la loro pendenza determina la
nostra inclinazione. S'aggiunse, improvvisa e
felice, un'esperienza d'amore; il suo cuore era
tenuto straordinariamente alto, per giorni, e
così il raggio mobile della sua vita erompeva
dall'altra parte a considerevole altezza. Con
qualcuno, che si ritrova in simile disposizione,
scoprire una straordinaria città e un paesaggio
più che ameno, è una rara grazia; e così mi
apparivano, se ci ripenso, quei giorni teneri e

131

insieme appassionati di primavera le sole vacanze, ch'io abbia conosciute nella mia vita. Il tempo fu così breve, a un altro sarebbe bastato solo per poche impressioni, a me, che non sono avvezzo a trascorrere giornate libere, quelle sembravano vaste. Anzi, mi appare quasi ingiusto nominare ancora *tempo* quello ch'era piuttosto un nuovo stato di libertà, uno *spazio* realmente sensibile, in cui ero circondato dall'aperto, non un trascorrere. Io recuperai allora, se si può dire, l'infanzia e un pezzo di prima gioventù, che non m'era mai stato concesso il tempo di eseguire dentro di me; guardavo, imparavo, comprendevo, e da quei giorni anche deriva l'esperienza che mi è cosa tanto facile dire « Dio », tanto schietta, tanto semplice e, come si sarebbe espresso il mio amico, senza problemi. Come avrebbe dovuto non farmi un'impressione di potenza quel palazzo, che ivi si sono costruito i papi? A me pareva quasi che non potesse contenere alcuno spazio interno, ma dovesse solo essere stratificato di spessi blocchi, come se gli esuli avessero puramente inteso ad accumulare il peso del papato, la sua preponderanza sulla bilancia della storia. E quel palazzo ecclesiastico torreggia veramente su un antico torso di Eracle, murato nelle fondamenta di roccia. « Non è » mi diceva Pierre « come enormemente cresciuto da quel granello? ». — Che *questo* sia il cristianesimo in una delle sue molte metamorfosi, mi sarebbe molto più comprensibile che riconoscere la sua forza e il suo

sapore nel sempre più stracco infuso di quella tisana, che sostengono sia preparata con le sue prime, più tenere foglie.

Ché anche le cattedrali, non sono esse il corpo di quello spirito, che ci si vuol gabellare come il vero spirito cristiano. Io potrei pensare che sotto talune di esse posi la statua franata d'una dea greca; tanta fioritura, tanta vita è in esse sbocciata, se anche, come in un'angoscia sorta al loro tempo, si protesero fuori da quel corpo celato verso i cieli, che il suono delle loro grandi campane era destinato a tener sempre aperti. Dopo il mio ritorno allora da Avignone mi sono aggirato sovente per le chiese, di sera e la domenica, — prima solo... poi...

Io ho un'amata, quasi una bambina ancora, che lavora a domicilio; e così, spesso, quando c'è poco lavoro, cade in una situazione difficile. È destra, troverebbe facilmente impiego in una fabbrica, ma teme il padrone. La sua idea di libertà è sconfinata. Non vi stupirà ch'ella senta anche Dio come una sorta di padrone, anzi come l'Arcipadrone, — come mi disse, ridendo, ma con tale terrore negli occhi. C'è voluto lungo tempo prima che si decidesse a venire con me una sera a St. Eustache, dove io entravo volentieri, per via della musica delle devozioni di maggio. Una volta siamo capitati insieme a Maux e abbiamo guardato delle pietre tombali in quella chiesa. A poco a poco ella avvertì che nelle chiese Dio ci lascia in pace, che non chiede nulla; si potrebbe pensare ch'egli non ci fosse, non è vero? — ma nel mo-

133

mento in cui si vorrebbe dir questo, diceva Marthe, che anche in chiesa non c'è, allora qualcosa ti trattiene. Soltanto forse ciò che gli uomini stessi hanno recato traverso tanti secoli in quell'aria alta, singolarmente corroborata. È anche solo forse che la vibrazione dolce e potente della musica non può mai uscirne del tutto, anzi dev'essere già da molto tempo penetrata nelle pietre, e devono essere pietre meravigliosamente eccitate, quei pilastri e quegli archi; e se anche è dura una pietra e difficile a penetrare, pure alla fine la scuotono quei cori sempre rinnovati e quegli assalti dell'organo, quei turbini del canto la domenica, quegli uragani delle grandi festività. Bonaccia, regna nelle antiche chiese. Lo dissi a Marthe. Bonaccia. Origliavamo, ella comprese subito, natura meravigliosamente preparata. Da allora entrammo più d'una volta qua e là, se udivamo cantare, e ci si fermava là ritti, l'uno presso all'altra. Bellissimo era sopra tutto quando una vetrata era dinanzi a noi, una di quelle antiche vetrate istoriate, con molti scomparti, ognuno riempito di figure, uomini grandi e piccole torri e tutte le possibili storie. Nulla era troppo estraneo per quelle figurazioni, ivi si vedono fortezze e battaglie e una caccia, e il bel cervo bianco ricompare sempre nel rosso caldo e nell'azzurro ardente. Una volta mi venne offerto vino molto molto vecchio. Così sono per gli occhi quelle vetrate, ma il vino era solo rosso cupo in bocca, — qui invece è la stessa cosa ancora in azzurro e in

violetto e in verde. C'è *tutto* nelle chiese antiche, nessun pudore di nulla, come invece nelle nuove dove per così dire appaiono solo i buoni esempi. Là è anche il maligno e il cattivo e il tremendo, il deforme, il miserabile, il brutto e l'ingiusto, e si vorrebbe dire che vi è in qualche modo amato per amore di Dio. Ivi è l'angelo, che non esiste e il demonio, che non esiste; e l'uomo, che esiste, è in mezzo fra loro, e — non c'è scampo — la loro irrealtà me lo fa più reale. Là dentro io posso abbracciare meglio ciò che sento quando si dice uomo che non per via tra la gente, la quale con sé non porta nulla di riconoscibile. Ma questo è difficile a esprimere. E quanto voglio dire ora è anche più difficile. Per quanto riguarda il « padrone », la potenza (anche questo mi s'è fatto chiaro lentamente là dentro, mentre eravamo immersi nella musica), c'è solo un mezzo da opporle: andare più oltre di lei. Intendo così: ci si dovrebbe sforzare a vedere subito in ogni potenza che vanti un diritto sopra di noi, l'intera potenza, la potenza in assoluto, la potenza di Dio. Ci si dovrebbe dire che ne esiste *una* sola, e intendere quella minore, quella falsa, quella manchevole così come fosse lei che con diritto ci afferra. Non diventerebbe innocua in questa maniera? Se in ogni potenza, anche maligna e cattiva, si vedesse sempre la Potenza stessa, intendo *ciò* che infine ha ragione d'essere potente, non si supererebbe allora, incolumi per così dire, anche l'ingiustificato e l'arbitrario? Non ci poniamo

135

di fronte a tutte le grandi forze ignote appunto così? Nessuna n'esperimentiamo noi nella sua purezza. Ognuna accogliamo all'inizio coi suoi difetti, che sono forse acconci ai nostri. Ma presso tutti i grandi uomini di scienza, scopritori e inventori, la premessa d'avere a fare con grandi forze non ha condotto d'improvviso alle forze supreme? Io sono giovine, e in me è molta ribellione; non m'è dato assicurare d'agire secondo il mio intendimento in ogni caso, in cui impazienza e malavoglia mi trascinano, — ma nel più intimo io so che la sottomissione mena più lontano dell'opposizione; essa svergogna ciò che è usurpazione e contribuisce indicibilmente a glorificare la giusta potenza. Il ribelle si protende fuori dell'attrazione di un centro di potenza e forse gli riesce di abbandonare tale campo di forza; ma, là oltre, egli si ritrova nel vuoto e deve ricercarsi un'altra gravitazione, che lo assuma nella propria sfera. E questa è di solito ancora meno legittima della prima. Perché dunque non vedere subito, in quella in cui ci troviamo, la massima potenza, senza lasciarci turbare dalle sue debolezze e oscillazioni? In qualche punto l'arbitrio inciampa da sé nella legge, e noi risparmiamo energia, se lo lasciamo convertirsi da sé. Naturalmente appartiene questo ai lunghi e lenti processi, che così pienamente si oppongono alle singolari precipitazioni del nostro tempo. Ma accanto ai movimenti più celeri sempre ce ne saranno di lenti, anzi di così estrema lentezza che noi

non ne possiamo vivere il corso. Ma perciò, non è vero?, esiste appunto l'umanità, per attendere ciò che supera il singolo. Visto dall'umanità il processo più lento è spesso il più veloce, cioè si dimostra che noi lo chiamavamo lento perché era incommensurabile.

Ora c'è, mi sembra, una cosa affatto incommensurabile, che gli uomini non si stancano di aggredire con norme, misure, regolamenti. E qui, in quell'amore ch'essi chiamano — con un'insopportabile confusione di disprezzo, cupidigia e curiosità — « sensuale », qui sono da cercare i peggiori effetti di quell'avvilimento, che il cristianesimo credé dover infliggere alle cose terrestri. Qui tutto è deformazione e conculcamento, se anche da questo profondissimo avvenimento noi nasciamo e in esso a nostra volta possediamo noi stessi il centro delle nostre estasi. M'è sempre più incomprensibile, se m'è lecito dire, che un insegnamento che là ci mette nel torto, dove l'intera creatura gode il suo diritto più beato, possa con tale persistenza, se anche non avverarsi in alcun luogo, pure sostenersi così.

Io qui ripenso ai vivaci colloqui, che potei condurre col mio amico scomparso, allora, nei campi dell'isola Barthelasse, a primavera e più tardi. Anzi nella notte precedente la sua fine (egli morì il pomeriggio seguente poco dopo le cinque) egli m'aperse così pure visuali in un regno della più cieca sofferenza, che a me la mia vita sembrò ricominciare nuova in mille punti e, come volli rispondere, non mi soc-

correva la voce. Io non sapevo esistessero lacrime di gioia. Piansi le mie prime, da principiante, nelle mani di quell'amico domani morto, e sentivo come in Pierre il flutto della vita ancora una volta salisse, e traboccò, quando s'aggiunsero quelle calde gocce. Sono forse eccessivo? Ma io parlo appunto di una sovrabbondanza.

Perché, io Vi domando, signor V., se ci si vuole aiutare, noi così spesso inermi, perché ci si abbandona proprio alle radici di ogni esperienza? Chi ci assistesse *in quel punto*, potrebbe andar sicuro ché noi non chiederemmo più nulla da lui. Ché l'assistenza, ch'egli ci porgesse in quel punto, crescerebbe poi da sé con la nostra vita e si farebbe più grande e più forte a pari con essa. E mai svanirebbe. Perché non si viene iniziati nel nostro più profondo segreto? Perché dobbiamo aggirarvici intorno e infine penetrare come ladri e scassinatori nella bellezza del nostro proprio sesso, in cui ci sbandiamo e urtiamo e incespichiamo, per erompere poi finalmente come colti in flagrante di nuovo nel crepuscolo del cristianesimo? Perché, se si dovette inventare colpa o peccato per via dell'intima tensione dell'animo, perché non si appiccò a un'altra parte del nostro corpo, perché lo si lasciò cadere appunto là e s'aspettò che si sciogliesse nel nostro puro fonte, avvelenandolo e intorbidandolo? Perché s'è esiliato il nostro sesso, invece di trasportare in esso la festa della nostra appartenenza?

Bene, io voglio ammettere che non ci debba appartenere, ché non siamo noi in grado di rispondere e dominare una beatitudine così inesauribile. Ma perché non apparteniamo a Dio fin da quel punto?

Un uomo di chiesa mi ammonirà che c'è il matrimonio, benché non gli sia ignoto come vada questa istituzione. E anche non giova collocare la volontà di riproduzione entro il raggio della grazia, — il mio sesso non è soltanto rivolto ai discendenti, è il mistero della mia propria vita — e solo perché esso, come sembra, non vi deve occupare il centro, tanti l'hanno spostato al margine e perciò hanno perso l'equilibrio. Ma che importa! L'orribile falsità e incertezza del nostro tempo ha la sua origine nella non confessata felicità del sesso, in questa colpevolezza singolarmente obliqua, che sempre cresce e ci divide dal resto della natura e perfino dal bambino, benché, come io venni a sapere in quella indimenticabile notte, l'innocenza sua, del bambino, non consista affatto in questo ch'egli per così dire non conosca alcun sesso, ma — così diceva Pierre con voce quasi spenta — quell'incomprensibile felicità, che a noi si desta in *un* punto nel mezzo della polpa dell'abbraccio serrato, è in tutto il suo corpo ancora ripartita ovunque senza nome. Per designare dunque la propria situazione della nostra sensualità, si dovrebbe poter dire così: un tempo eravamo noi bambini *dovunque*, ora lo siamo solo più in un punto. Ma se uno solo è in mezzo a noi, che

abbia certa coscienza di questo e possieda la capacità di mostrarne le prove, perché lasciamo che una generazione dopo l'altra, sotto le macerie di pregiudizi cristiani, si ridesti e muova come il morto apparente nelle tenebre, in un angustissimo intervallo tra sole rinunce?

Signor V., io scrivo e scrivo. Quasi un'intera notte è trascorsa così. Mi debbo raccogliere. Ho detto che lavoro in una fabbrica? Lavoro nella sala di scrittura, talora ho anche da fare attorno a una macchina. Prima potei anche studiare, per un breve periodo. Ora, voglio dire il mio stato d'animo. Io voglio, vedete, che mi si possa impiegare a Dio, così come sono, e quello che faccio qui, il mio lavoro, questo io voglio continuare a fare e applicarlo a lui, senza che il mio raggio venga interrotto, se così mi posso esprimere, neanche in Cristo, che un tempo era per molti l'acqua. La macchina, per esempio, io non la posso spiegare a lui, egli non ritiene. So, voi non ridete se io dico questo tanto ingenuamente, è meglio così. A Dio invece, ho questo sentimento, posso ben portargliela, la mia macchina e il suo primo parto o anche tutto il mio lavoro, penetra in lui senz'altro. Come per i pastori un tempo era facile portare un agnello agli dèi della loro vita o il frutto del campo o il più bel grappolo.

Vedete, signor V., ho potuto stendere questa lunga lettera senz'aver bisogno una sola volta della parola « fede ». Ché quella mi sembra

140

una faccenda complicata e difficile, e non da me. Io non mi voglio lasciar calunniare per amor di Cristo, ma esser buono per Dio. Io non voglio mi si rivolga la parola come a un peccatore, forse io non lo sono. Io ho così puri mattini! Potrei parlare con Dio, non ho bisogno di nessuno che mi aiuti a comporre lettere a lui.

Le vostre poesie, io le conosco solo dalla pubblica lettura di quella sera, poco tempo fa, possiedo solo pochi libri, di solito attinenti alla mia professione. Ma anche tre quattro che trattano d'arte, e qualche cosa di storico; quello che mi son potuto procurare. Ma le poesie, ora mi dovete lasciar dire, hanno provocato in me questo movimento. Il mio amico disse una volta: Dateci maestri, che celebrino il terrestre. Uno di questi voi siete.

PICCOLA BIBLIOTECA ADELPHI

Stampato nel dicembre 2008
dal Consorzio Artigiano «L.V.G.» - Azzate

Piccola Biblioteca Adelphi
Periodico mensile: N. 110/1980
Registr. Trib. di Milano N. 180 per l'anno 1973
Direttore responsabile: Roberto Calasso